上海方言读本

学说 上海闲话

Xueshuo
Shanghai
Xianhua

钱程 主　编

孙广波 执行主编

上海教育出版社
SHANGHAI EDUCATIONAL
PUBLISHING HOUSE

I0210706

序

　　方言是独具特色的地域文化,也是构成文化多样性的前提条件。多元和丰富是中华文明的本质特征,语言文化共性和个性的差异将永远存在。2014年2月21日,联合国教科文组织总干事伊琳娜·博科娃女士在国际母语日致辞称:"'地球村'各民族要和睦相处,文化理解和对话工作就愈加必要。今天,世界上的标准是至少使用三种语言:一种当地语言,一种用于主要交流的语言和一种用于当地同全球层面交流的国际语言。这种语言和文化的多样性也许是我们建设创新和包容未来的最大机遇。"

　　上海话既是上海人思想交流的工具,是上海文化的重要载体,同时也是上海海派文化的重要组成部分。上海话对上海人来说是魂,是一种内在的信仰,更是从骨子里透露出来的味道。上海人说上海话,这本是一件顺理成章的事,但环顾周围,青少年一代都讲普通话而较少用上海话。长此以往,上海话恐怕就有消失或濒临消失的危险。目前,海纳百川的上海不断有外地人和外国人陆续前来发展,他们生活在上海,也应该学习上海语言和上海文化,并在学习上海话中找到自信、提升修养、加强融入。

　　保护和传承上海话不能只挂在嘴边,而应该有实际行动。作为上海市学生曲艺教育基地、杨浦区艺术特色学校,上海市惠民中学肩负起传承上海本土文化的重任。多年来惠民中学坚持"学生第一、质量第一、健康第一"的办学理念,"基础加特色"的办学思路,与上海市曲艺家协会携手共建,并充分发挥"上海市学生曲艺教育基地钱程工作室"的作用,特邀滑稽表演艺术家钱程担任社团指导教师,在每周五的扩展课时间开设沪语班,并把沪语班纳入学校课程体系,在六年级学生中普及。学校不断追求卓越,努力创造新的辉煌,在钱程工作室团队的辛勤努力下,该课程已成为杨浦区优秀共享乡土课程。通过对沪语讲义及上课内容的梳理,编写了《学说上海闲话》校本教材。

　　惠民中学的沪语课程让更多的孩子有学习上海话的热情，发现和理解上海方言中蕴含的上海文化魅力。《学说上海闲话》一书不仅为传承上海方言作出积极的贡献，也为弘扬海派文化注入新鲜活力。

　　一方水土养一方人，一种语言代表一座城。上海方言蕴藏着上海这座大都市的文化底蕴，反映了城市的精神内涵。学习方言需要循序渐进，不能单靠一次培训、讲座一蹴而就。所以惠民中学开设沪语课程为学生们学习沪语提供了一个很好的条件。我觉得《学说上海闲话》这本教材既浅显易懂又生活化，方便学生融会贯通，不失为一本学习上海话的好教材。希望惠民中学以沪语教学这根线，牵引更多学习团队，继续为传承和保护上海方言作出贡献！

上海市杨浦区教师进修学院副院长

张海森

目　　录

第一单元　　称　谓　篇

第二单元　　家　居　篇

第三单元　　校　园　篇

第四单元　　人　体　篇

第一单元　称　谓　篇

单元导引

　　称谓，大家可以理解为名称，或者是人际交往当中相互之间的称呼。这种称呼通常有血缘关系、职业特性、社会地位、宗教信仰等因素，有时候也可以指人的姓氏和名字。

　　称谓是人与人之间发生社会关系后产生的，它区分了人们在社会中所扮演的不同角色。许多都是相对应出现的，例如：父亲——儿子；祖父——孙子；丈夫——妻子；师傅——徒弟；教师——学生等。

　　对于表示同一意思的称谓，可以分为尊称、谦称、雅称、昵称、别称等多种形式。不同场合，对于同一个人的称谓不同；社会、家庭的"角色"不同，称谓也会发生变化。假如一个结了婚的中年女性，她的职业为教师并兼校长职务，那么她的称谓，在学校为"老师"或"校长"，在家里她的儿子、女儿称之为"母亲"，她的丈夫称之为"妻子"，父母叫她"女儿"。当然，除了学生、子女不能直接叫她名字以外，其他的人都可以将其"名字"作为称呼。

　　上海话中的称谓在称呼上或者在读音上和北方话有很大的区别，例如在上海话中，"你"叫"侬"，"妈妈"叫"姆妈"等。学讲上海话的称谓其实没有什么难度，只要搞清楚上海话称谓的读音，在平时打招呼和交谈中把称呼加进去，时间长了就会非常顺口了。

第一课 代词称谓

上海闲话

初次见面

刘　明：早浪好，小美！

小　美：早浪好，刘明！

刘　明：侬旁边迭位是啥人？

小　美：伊是阿拉预备（1）班新来格同学。

张　菲：侬好，我叫张菲，头一趟见面，请多关照。

刘　明：侬好，我是初一（2）班格刘明，如果倻学习浪有啥勿懂格问题侪可以来问我。

张　菲：好格，谢谢。

刘　明：甮客气。

生词短语

侬（你）音同"农"，不要发"龙"音

伊（他、她、它）

阿拉（我、我们）

我（我）音同上海话"肚皮饿"的"饿"，不要发"画""无"音

倻（你、你们）

课文注解

1. 早浪好：早上好。
2. 迭位：这位。
3. 格：表示"的"的意思，轻声。
4. 头一趟见面：第一次见面；初次见面。
5. 勿懂：不懂。
6. 侪：都。
7. 甮客气：不要客气。

语法要点

一、人称代词

我、侬——我　　　侬——你　　　伊——他、她、它
阿拉、我侬——我们　　侬——你们　　伊拉——他们、她们、它们
自家——自己　　　人家、别人家——别人

二、入声

入声是古汉语里存在至今，有些方言当中仍旧保存到现在格一种语言现象。上海方言属于吴语方言格一种，伊老好格保留了入声，并成为自家语言格一大特色。

普通话里声调分阴平（第一声）、阳平（第二声）、上声（第三声）、去声（第四声）。上海话里格声调分平声、上声、去声、入声。

上海话格入声字发音比较短促，比方"入"字，普通话发（ru）音，而上海方言当中则发〔zʌ〕音（z 为浊辅音）；再比方"铁"字，普通话发（tie）音，上海方言里伊是入声，发〔ti〕。

巩固练习

请同学们以小组为单位用上海闲话作自我介绍或介绍别人，至少3句

> 大家好！
> 我格名字叫孙小美。
> 我欢喜看书。

> 大家好！
> 我格名字叫刘明，
> 侬叫我小明好了。
> 伊叫孙小美，阿拉是好朋友。

演播室

请同学们用上海闲话演绎迭个笑话，注意讲准侬、我、伊

你、我、他

我有个小外甥，名字叫小华，刚刚上小学一年级。迭个小囡学习马马虎虎，老勿认真。有一趟，老师上课教了伊三个字，囕里三个字？侬、我、伊。

老师怕伊记勿牢，就搭伊讲："小华啊，侬、我、伊，侬晓得啥个意思哦？我来解释拨侬听，侬听好：侬，侬是我学生；我，我是侬老师；（指旁边一女同学）伊，伊是侬格女同学。记牢了哦？"

"记牢了！"

回到屋里，伊阿爸问伊："小华啊，今朝学堂里教了侬点啥？"

"教了我三个字。"

"囕里三个字啊？"

"教了我……教了我……侬、我、伊，老师教格。"

"哦，侬、我、伊？啥格意思，讲拨阿爸听听。"

"侬，侬是我学生；我，我是侬老师；（指妈妈）伊，伊是侬格女同学。"

伊阿爸一听弄勿懂了："勿对格，小华。侬，侬是我佴子；我，我是侬爸爸；伊勿是侬女同学，伊是侬格姆妈。晓得了哦？"

"晓得了。"

第二天一到学堂，伊就对老师讲："老师，侬昨日子讲得勿对。侬，侬是我佴子；我，我是侬阿爸；伊勿是侬格女同学，伊是侬姆妈！"

童 谣

侬 姓 啥

侬姓啥？我姓黄。　　姓，尖音字。

啥格黄？草头黄。

啥格草？青草。

啥格青？碧绿青。　　碧、绿，都是入声字。

啥格碧？毛笔。　　　笔，入声字。

啥格毛？三毛。

啥格三？高山。

啥格高？年糕。

啥格年？二〇一五年。

第二课 家 庭 称 谓

上海闲话

家 庭 称 呼

爸　爸：侬子啊，今朝是老爹生日，亲眷朋友侪要来，侬看到长辈要有礼貌，勿要**勿着勿落**，要懂规矩，看到长辈要一个一个喊过来，懂哦？

儿　子：我介大格人哎，当然晓得格！

爸　爸：好格，听侬讲，侬侪**拎得清**。格末我来考考侬：我格阿妹侬叫伊啥？

儿　子：爸爸格阿妹，我要叫孃孃。

爸　爸：孃孃格老公，侬叫伊啥？

儿　子：叫……叫爷叔。

爸　爸：勿对哎！应该叫姑夫。

儿　子：阿爸，我想问侬，有啥好办法勿会叫错脱？

爸　爸：侬记牢，我格阿姐、阿妹侬侪叫伊孃孃，我格阿哥侬叫伊大伯伯，我格阿弟侬叫伊爷叔。

儿　子：哦，晓得了。阿爸格阿姐、阿妹我侪叫伊孃孃；阿爸格阿哥我要叫伊大伯伯；阿爸格阿弟，我要叫伊爷叔。

爸　爸：我格阿姐、阿妹格侬子、囡囡，搭侬是表亲关系；我格阿哥、阿弟格侬子、囡囡，搭侬是堂亲关系。

儿　子：阿爸，表亲、堂亲为啥要迭能分啊？

爸　爸：因为我格阿哥、阿弟格侬子、囡囡搭侬格姓是一样格，所以是堂亲关系。我格阿姐、阿妹格侬子、囡囡搭侬格姓勿一样，所以是表亲关系。

儿　子：我有数了，孃孃**嗳面**格，我叫伊拉表阿哥、表阿姐、表阿弟、表阿妹；伯伯、爷叔**迭搭**格，我叫伊拉堂阿哥、堂阿姐、堂阿弟、堂阿妹。

爸　爸：对格，侬脑子倒蛮**活络**格。

儿　子：嘻嘻。

生词短语

伲子（儿子）	囡囝（女儿）
老爹（祖父）	堂阿哥（堂哥）
阿妹（妹妹）	堂阿姐（堂姐）
阿姐（姐姐）	堂阿弟（堂弟）
孃孃（姑姑）	堂阿妹（堂妹）
爷叔（叔父）	表阿哥（表哥）
阿爸（父亲）	表阿姐（表姐）
阿哥（哥哥）	表阿弟（表弟）
大伯伯（大伯父）	表阿妹（表妹）
阿弟（弟弟）	

课文注解

1. 勿着勿落：说话没分寸。
2. 拎得清：对事情明白、清楚。
3. 嗳面：那里。
4. 迭搭：这里。
5. 活络：灵活、机灵的意思。

语法要点

一、家庭称谓

阿爸——父亲　　姆妈——母亲　　老爹——祖父　　阿奶——祖母

外公——外祖父　　外婆——外祖母　　大伯伯——大伯父

爷叔——叔叔　　婶娘——婶婶，叔叔的妻子

孃孃——姑姑，父亲的姐妹　　姑夫——姑姑的丈夫

姨妈——母亲的姐姐　　　姨爹——姨妈的丈夫

阿姨——母亲的妹妹　　　姨夫——阿姨的丈夫

娘舅——舅舅　　　舅妈——舅母　　　阿哥——哥哥　　　阿姐——姐姐

阿妹——妹妹　　　阿弟——弟弟　　　堂阿哥——堂哥

堂阿姐——堂姐　　　堂阿弟——堂弟　　　堂阿妹——堂妹

表阿哥——表哥　　　表阿姐——表姐　　　表阿弟——表弟

表阿妹——表妹　　　倪子——儿子　　　囡囡——女儿

外甥——姐妹的儿子　　　外甥囡——姐妹的女儿

侄子——兄弟的儿子　　　侄囡——兄弟的女儿

孙子——孙子　　　孙囡——孙女　　　外孙——外孙

外孙囡——外孙女　　　老公——丈夫　　　老婆——妻子

二、尖团音

分尖团音是有些方言搭上海话特有格现象。虽然现在有些上海人已经勿会分尖团音了，但迭个原来是上海方言格特点之一，正宗格上海闲话中还保留了迭个特点。

尖音字是指以 z、c、s 为声母，与以 i、u 或 i、ü 起头格韵母相拼格字。团音字是以 j、q、x 为声母，与以 i、u 或 i、ü 起头格韵母相拼格字。比方，有格方言中拿"尖""千""先"列为尖音字，分别读作〔zi:〕、〔ci:〕、〔si:〕；把"兼""牵""显"列为团音字，分别读作〔ji:〕、〔qi:〕、〔xi:〕。

分尖团音会使语言更有韵味，更有感染力。上海方言中，团音字远远超过尖音字格数量，学会拿尖音字列出来，就等于会分团音了，掌握了规律后一点也勿难哦。

巩固练习

请判断下面格称呼是否正确（在括号里打"√"或"×"）

1. 嬢嬢格倪子，要末喊表阿哥，要末喊表阿弟。　（　　　）

2. 娘舅格囡囡，喊堂阿姐或者堂阿妹。　（　　　）

3. 阿姐新结婚，我叫伊格老公是毛脚女婿。　（　　　）

4. 大伯伯格老婆，叫大姆妈。　（　　　）

5. 阿姨格老公，叫姑夫。　（　　　）

6. 阿爸格阿妹，叫姑姑。　（　　　）

7. 阿爸格阿弟格伲子，喊堂阿弟。　　　　　　（　　）
8. 姆妈格爷娘，我叫老爹、阿奶。　　　　　　（　　）

中国寓言

幼 女 配 老 翁

老底子有个叫虞任格人，伊是艾子格朋友。虞任有个刚满两周岁格囡囡，长得老可爱，也老乖巧。艾子十分喜欢，就对虞任讲："侬囡囡忒讨人欢喜了，我想为我格伲子提亲，先搭伊拉定下婚约，等俪囡囡长大以后再举行婚礼，侬看哪能？"

虞任斜气高兴，伊问："侬格儿子几岁了？"

艾子回答讲："4岁。"

虞任格面孔立时三刻拉长了，讲："侬要我格囡囡嫁拨一个老头子啊？"

艾子听勿懂，问："侬迭个闲话是啥格意思？"

虞任讲："侬格伲子4岁，我囡囡2岁，侬伲子年纪比我囡囡大一倍。等我囡囡20岁格辰光，侬伲子勿是已经40岁了吗？要是我囡囡25岁出嫁，侬伲子已经50岁了。侬迭个勿是等于拿我格囡囡嫁拨勒一个老头子吗？"

艾子听了笑得嘴巴也合勿拢了。

两个小囡明明只相差两岁，虞任却拿年龄浪暂时格倍数关系，当成了永久格、必然格规律，真是忒愚蠢，忒糊涂了！

唐 诗

登鹳雀楼

（唐）王之涣

白日依山尽，　　白、日，入声字。尽，尖音字。

黄河入海流。　　入，入声字。

欲穷千里目，　　欲、目，入声字。千，尖音字。

更上一层楼。　　一，入声字。

第三课　职业称谓

幸福大家庭

小　明：小美，侬屋里有多少人？

小　美：五个人，老爹、阿奶、阿爸、姆妈搭我。

小　明：搭老爹、阿奶住勒一道，还是个大家庭嘛。伊拉是啥个职业啊？

小　美：我格阿爸是医生，专门搭病人看牙齿格。

小　明：噢，是牙科医生。格末侬姆妈呢？

小　美：伊是中学老师，教语文格。

小　明：怪勿得侬语文成绩介好，原来侬姆妈是语文老师。

小　美：嘻嘻。我格阿奶老底子是厨师，现在退休了，勒拉屋里向买、汏、烧，做家庭主妇。

小　明：哇，侬阿奶烧格小菜肯定老好吃格。

小　美：格当然啰。我格老爹是剃头师傅，侬看，我格新发型灵哦！

小　明：哇，俪屋里几化幸福啊！真是幸福大家庭！

生词短语

职业　　医生　　老师　　厨师　　家庭主妇　　剃头师傅

11

课文注解

1. 搭：和。
2. 住勒一道：住在一起。
3. 怪勿得：怪不得。
4. 介：那么。
5. 老底子：以前。
6. 灵：好看。
7. 几化：多少。

语法要点

一、职业称谓

教师	厨师	理发师	魔术师
律师	工程师	园艺师	裁缝师
军人	商人	经纪人	主持人
演员	公务员	消防员	飞行员
作家	画家	科学家	警察
医生	护士	司机	会计
导游	歌手	记者	模特儿

二、程度副词

介——这么	老——很
蛮——有点，程度比"老"低	煞——很，非常
交关——非常	斜气——很，非常
瞎——极了	忒——太
相当——非常	顶——最

巩固练习

请同学们相互介绍自家今后理想格工作

> 小美，侬今后最理想格工作是啥？我呢想做警察，好捉坏人，侬呢？

> 我想当作家，像莫言一样获诺贝尔文学奖。

中国寓言

老　鼠

　　一日夜里，苏子正坐勒拉床浪休息，勒陌生头听见床底下有老虫啃物事格声音。伊拍打了一下床板，啃物事格声音马上停止了，可是只过仔一歇歇，又响起来了。

　　苏子叫佣人拿蜡烛来照一照，发现地浪有一只空袋袋，啃物事格声音就是从袋袋里向发出来格。苏子讲："原来是老虫钻进袋袋里出勿来了，才勒拉啃物事啊！"

　　佣人打开袋袋一看，好像啥格物事也呒没。再举起蜡烛一照，刚刚看见袋袋里向睏勒一只死老虫。佣人感觉老奇怪格，讲："迭只老虫刚刚还勒拉啃物事，哪能一歇歇就死脱了？"佣人一边讲一边拿袋袋里格老虫倒了出来。却勿料，嗄只老虫刚一着地，就"嗖"格一下子逃脱了。

　　苏子感叹格讲："一只小小格老虫居然迭能狡猾！"

　　坏人常常使用欺骗格伎俩来麻痹人，大家千万勿要疏忽大意。

注解：

老虫：老鼠。

童 谣

笃笃笃 卖糖粥

笃笃笃，卖糖粥，　　　　　　　　笃、粥，入声字。

三斤胡桃四斤壳。　　　　　　　　壳，入声字。

吃侬格肉，还侬格壳，　　　　　　吃、肉，入声字。

张家老伯伯勒拉哦?　　　　　　　勒，入声字。

勒拉嗨。

问侬讨只小花狗。　　　　　　　　只，入声字。小，尖音字。

侬来拣一只。　　　　　　　　　　拣，音：改。

"汪汪汪!"

第四课　称 谓 礼 仪

上海闲话

发 出 邀 请

儿　子：阿爸，迭个双休日我准备叫同学到阿拉屋里向来白相，体育张老师欢喜搭阿拉轧道，我也叫伊一道来。

爸　爸：侬哪能介讲闲话格？搭老师讲闲话哪能好老三老四老茄茄。张老师是俚师长，侬勿好用"叫"，要讲"请"。

儿　子：张老师哪能是"师长"啦！伊是阿拉小人格头头，是"司令"。

爸　爸：我讲格"师长"是老师、长辈，勿是"四国大战"里格师长、军长。

儿　子：哦。

爸　爸：讲闲话要看清爽场合搭身份。比方勒学堂里，侬是学生，搭同学好讲："某某同学，今朝夜里向到阿拉屋里来白相！"假使搭老师讲闲话，侬勿好迭能讲，要讲："老师，阿拉活动请侬一道参加。"

儿　子：哦，我懂了，对长辈讲闲话要注意礼貌。

爸　爸：对了，迭能么就是好小囡。

生词短语

请（请）

对勿起（对不起）

呒没关系（没关系）

课文注解

1. 轧道：跟人来往交际；交朋友。
2. 老三老四：说话好为人师，或说话傲慢不虚心。
3. 老茄茄：不谦虚。
4. 比方：比如。
5. 勒：在。
6. 屋里：家里，家里面。
7. 好小囝：好孩子。

语法要点

一、指示代词

迭——这

迭个——这个

迭搭——这儿、这里

噯——那

噯个——那个

噯搭——那里

噯能（样子）——那样

伊面——那边

迭能介——这样子

二、疑问代词

啥体——什么事情；为什么

哪能——怎么，怎么办

哪能介——怎么样

啥——什么

几化——多少

阿曾——有没有；是不是已经；是不是曾经

巩固练习

上海闲话里还有些有趣格称谓，侬晓得伊拉格意思哦？请侬连一连

大块头	迟钝的男人
馋痨胚	胖子
小乖人	饿鬼
木兄	会处世的人
三只手	好动的人
饿煞鬼	野孩子
活狲精	扒手
野小鬼（音：居）	馋鬼

演播室

请同学们用上海闲话演绎迭段对话

称 谓 礼 貌

爸　爸：伲子，俪姆妈小菜烧好了。老爹、阿奶已经侪坐好勒等侬了，侬快
　　　　眼汏汏手来吃饭。

儿　子：我勒看《喜羊羊和灰太狼》，还有一眼眼就结束了，马上好。嗳！侬
　　　　先汏，侬汏好我再汏。

爸　爸：伲子啊，侬叫啥人汏手啊？

儿　子：我叫侬汏手呀。

爸　爸：侬应该叫我啥？

儿　子：阿爸。

爸　爸：侬前头叫我啥？

儿　子：叫侬……"嗳"。

爸　爸：伲子啊，叫俪阿爸汏手，就一声"嗳"，吭没称呼啊？听上去多少没
　　　　礼貌！到底我是侬阿爸，还是侬是我阿爸？

儿　子：阿爸，我勿是存心格。

爸　爸：平常我哪能搭侬讲格，要懂得尊敬人，我搭俪姆妈讲闲话从来勿叫

伊"嗳"。对勿认得格人更加要有礼貌。侬假使勒拉路浪问问路，就叫人家"嗳"，人家肯定眼乌子一弹，睬也勿睬侬，肚皮里勒想：迭个小囝介没家教。

儿　子：阿爸，我要做个好小囝，下趟再也勿迭能"嗳"了。

爸　爸：下趟再迭能哪能办？

儿　子：……再迭能就勿是侬倷子。

爸　爸：小鬼，勤贼忒嘻嘻。

注解：

1. 前头：刚才。
2. 勒拉：在。
3. 眼乌子：眼珠。
4. 贼忒嘻嘻：油腔滑调，嬉皮笑脸，不严肃。

唐 诗

清　明

（唐）杜　牧

清明时节雨纷纷，	清、节，尖音字。节，入声字。
路上行人欲断魂。	欲，入声字。
借问酒家何处有，	借、酒，尖音字。
牧童遥指杏花村。	牧，入声字。杏，音：hang，h 浊辅音。

第二单元 家 居 篇

单元导引

家居指的是家庭装修、家具配置、电器摆放等一系列和居室有关的东西，甚至包括地理位置、家居风水等都属于家居范畴。

广义的家具是指人类维持正常生活、从事生产实践和开展社会活动必不可少的一类器具。狭义的家具是指在生活、工作或社会实践中供人们坐、卧或支撑与贮存物品的一类器具。现代都市更凸显家居生活绿色、环保和健康的重要性。

家具布置是家居的重要组成部分，包括整个家庭的构造，床、书桌、电脑、台灯等个体，由这一系列的个体构成了整个主体，就形成了温馨的家居环境。

我们要注意到家居的布置中还需要零零碎碎的用品，如咖啡壶、茶具、纸巾盒等，它们为家居作出了不小的贡献。

在房间布局上，上海人称"厨房间"为"灶披间"；"卧室"为"房间"。在家居用品中，上海人称"被子"为"被头"；"抽屉"为"抽斗"；"床边箱"为"夜壶箱"；"喷淋头"为"莲蓬头"；"拖把"为"拖畚"……

学习有关家居的上海闲话其实并不难，因为他们与我们的生活息息相关，在家里多与父母长辈用上海话沟通，你就会有很大的进步。

第五课 客 厅

我屋里向格客厅

客厅也叫起居室，是主人搭客人会面碰头格地方。我屋里向格客厅朝南，既明亮又宽敞。

客厅格西面是一只挂壁式电视机，一般侪是做好作业姆妈才会让我看电视。电视机格右边是一套组合式音响，有格辰光，我拿音响打开，舒缓格音乐勒耳朵边萦绕，我心里觉着斜气适意。电视机对面是一套真皮沙发，坐上去软冬冬，斜气舒服。沙发后面格墙浪挂了一幅黄山风景油画，伊拿阿拉格客厅装扮得更加嗲。沙发格北面有一只鱼缸，里向养了交交关关漂亮格金金鱼。客厅正当中是一只玻璃茶几，高头放了几盆花草，绿莹莹格，充满勃勃生机。

迭个就是我屋里向格客厅，有空来坐坐哦！

生词短语

客厅　　电视机　　音响　　沙发　　油画　　鱼缸　　茶几

课文注解

1. 屋里向：家里。

2. 辰光：时候。
3. 软冬冬：柔软。
4. 嗲：漂亮。
5. 高头：上面。

语法要点

一、"屋里向"为啥勿是"屋里厢"

上海闲话"屋里向"就是"家里"格意思。"里向""外头"侪是方位词，"里向"是"里面"格意思。"厢"有两个意思，一是名词"厢房"，是正房两边格房子；另一意思是"边上"。"厢"勒拉词义浪吰没"里面"格意思。"向"勒拉字音上是团音字，"厢"是尖音字，"里向"格"向"是团音字，覅读错噢。

二、方位

东面——东边　西面——西边　南面——南边　北面——北边
贴当中——正中间　前头——前面　后头——后面　左面——左边
右面——右边　高头——上面　下头——下边　里向——里面
里头——里面　外头——外面　嗳搭——那面　嗳面——那面
迭搭——这里　此地——这里　笃底——到底　边浪——边上、边缘

巩固练习

请同学们相互介绍自家屋里向客厅格特色

小明，侬屋里向格客厅有啥特色？

我屋里向客厅里最有特色格是一只多宝阁，高头摆勒交关工艺品，侪是从全国各地旅游辰光带转来格。

21

童　谣

有　座　山

从前有座山，叫伊勿来三；　　　　　前，尖音字。

山浪有条路，叫叽哩咕噜；

路边有只庙，叫莫名其妙；　　　　　只、莫，入声字。

庙里有只缸，叫四大金刚；

刚刚拔出剑，叫啥看勿见；　　　　　拔，入声字。

见来两个官，一个叫笔套管，　　　　一、笔，入声字。

还有一个就叫痰盂罐。　　　　　　　就，尖音字。

注解：

1. 这首童谣多谐音字，官、管、罐同音，但声调不同。剑，团音字，与团音字"见"同音。

2. 勿来三：不行。

3. 叽哩咕噜：象声词；也作嘀咕、小声说话的意思。

4. 笔套管：笔套，笔帽。

5. 痰盂罐：吐痰和盛痰的器皿。

第六课 房　　间

上海闲话

我 的 房 间

　　我格房间是阿拉屋里向顶顶温馨格地方。房间墙壁格色调是淡黄颜色。房间正当中格墙浪挂了一幅世界地图，可以老醒目格看到阿拉中国格板块。世界地图下头是一张白颜色格单人床，相当别致。床浪向，一套粉红颜色格被头、枕头、毛巾毯侪整齐格叠勒嗨，睏上去交关适意。床格左边是一张草绿色格写字台，写字台浪摆了笔桶、铅笔、尺、圆珠笔、台灯搭日历等学习用品。床格右边是两只淡蓝颜色格衣柜，里向放仔交交关关衣裳。

　　我欢喜自家格房间，侬欢喜自家格房间哦？

生词短语

世界地图　　单人床　　被头　　枕头　　毛巾毯　　写字台
铅笔桶　　铅笔　　尺　　圆珠笔　　台灯　　日历　　学习用品
衣柜　　衣裳

课文注解

1. 顶顶：最。
2. 叠勒嗨：叠着。

3. 睏上去：睡上去。
4. 衣裳：衣服。
5. 欢喜：喜欢。

语法要点

一、数字

一 二 三 四 五 六 七 八 九 十 廿 百 千 万 亿

提示：上海话数字中的一、六、七、八、十、百都是入声字，要读得短促。

二、量词

只 个 斤 两 吨 张 副 条 根 部 点 片 本 套 头 盒
串 滴 页 支 台

巩固练习

请同学们勒拉括号当中填上适当格数字搭量词，并且读一读

（　　　）电影　　　（　　　）水果　　　（　　　）图书
（　　　）纸头　　　（　　　）书法　　　（　　　）电视机

外国寓言

两　只　狗

　　有个人养了两只狗，伊驯养一只狗准备打猎辰光派用场，另外一只狗让伊看屋里守门。每趟猎人带着猎狗出去打猎，获得啥个猎物，总是分拨勒守门狗一眼。猎狗对此老勿适意，就指责守门狗，讲自家每趟出去打猎侪是四处奔跑，十分辛苦，而伊啥个也呒没做，却坐享其成。守门狗对猎狗讲："侬勥责怪我，应该去责怪主人，是伊叫我勿去打猎，坐勒拉屋里享受别人格劳动果实。"

　　迭个是讲，勿要去责怪小团格懒惰，因为是父母拿伊拉宠成迭能格。

唐　诗

回乡偶书

（唐）贺知章

少小离家老大回，　　　　小，尖音字。

乡音无改鬓毛衰。

儿童相见不相识，　　　　相，尖音字。不、识，入声字。

笑问客从何处来？　　　　笑，尖音字。问，音：文。

　　　　　　　　　　　　客，入声字。

第七课　灶　披　间

上海闲话

高科技灶披间

　　只要侬去过我屋里向，肯定会晓得我屋里有个老大格灶披间，比我自家格房间还要大，而且里向有交交关高科技格"设备"。

　　走进去，侬会看见一只十分精致格迷你饮水机。迭只饮水机斜气高级，侬打开上面格小门，会看见一只装热水格透明茶壶。只要侬揿一记热水开关，热水就会自动流进茶杯里。哪能，迭只饮水机勿错哦？

　　再走进去，侬会看见一只双门大冰箱。迭只冰箱里摆了交交关关好吃格物事，侬看了肯定会流馋唾水。

　　一只用米白颜色大理石做格操作台高头有烧菜格电磁炉、烧饭格电饭煲、热菜格微波炉、做蛋糕格烤箱、榨果汁格榨汁机。操作台下头是一只消毒碗柜，里向摆满了饭碗、盆子、调羹搭筷子。

　　听阿爸讲伊小辰光因为屋里向穷，嗄个辰光格灶披间又小又龌龊，呒没高科技产品，就连水也要到井里向打上来。现在，我伲有高科技，生活交关方便，所以我伲要珍惜今朝格幸福生活噢！

生词短语

灶披间	饮水机	茶壶	冰箱	电磁炉	电饭煲	微波炉
烤箱	榨汁机	碗柜	饭碗	盆子	调羹	筷子

课文注解

1. 灶披间：厨房。
2. 揿一记：按一下。
3. 摆：放置。
4. 馋唾水：口水。
5. 小辰光：小时候。
6. 龌龊：脏，不干净。

语法要点

一、颜色

　　上海人眼睛里看出来格颜色，相当细腻。搭各种颜色取名字又交关生动。有只童谣，叫"红黄蓝白黑，橘子柠檬咖啡色"。除脱红颜色、黄颜色、蓝颜色、白颜色搭仔黑颜色，后头一句侪是用吃格物事来定颜色格。再比方讲绿颜色，上海人区分得相当精细，有草绿、墨绿、碧绿、橄榄绿、苹果绿、咸菜绿、鹦哥绿……像白颜色，又有奶白、象牙白、月白、米白……

二、比较句

　　"我屋里向有个老大格灶披间，比我自家格房间还要大。"比较句用"X比YA"句式（A为形容词）。譬如："我比侬大两岁""迭只苹果比暖只小"。

巩固练习

上海闲话里还有些有趣搭特别格词语，侬晓得伊拉格意思哦？请侬连一连

灶披间	钢精锅子
砧墩板	厨房
调羹	砧板
钢盅镬子	抹布
灶头	汤匙
揩台布	灶台

童 谣

淘 淘 米

叫伊淘淘米，揿脱仔饭箩底；　　　　　脱，入声字。

叫伊挽挽水，驳起屁股摸螺蛳；　　　　驳、摸，入声字。

叫伊拔拔葱，登拉田里竖烟囱；　　　　拔，入声字。

叫伊纺纺纱，锭子头浪开朵花；

叫伊绣绣鞋，好像鸡脚爪；　　　　　　绣、像，尖音字。脚，入声字。

叫伊织织布，布机潭里撒堆污；　　　　织、撒，入声字。

叫伊兜兜火，东家白话西家坐；　　　　白，入声字。西，尖音字。

叫伊捉捉花，偷仔隔壁田里瓜。　　　　隔、壁，入声字。

注解:

1. 这是一首嘲讽新媳妇上门不会做家务的儿歌。

2. 揿：按的意思，文中指按破了。

3. 挽水：打水。

4. 驳起：抬起、翘起的动作。

5. 竖烟囱：形象地描绘站在那里不动。

6. 锭子头浪开朵花：是说不会干活，时间一长锭子上都开花了。

7. 鸡脚爪：指手不巧，僵直，不会绣花。

8. 撒堆污：撒，拉；污，屎；拉了一堆屎。

9. 兜火：指借个火、引个火。

10. 东家白话西家坐：白话，闲聊。指不干正事，在人家家里闲聊。

11. 捉花：是指农田里摘棉花。

12. 偷仔：偷了。

第八课 书 房

我 格 书 房

我有一间大书房，里向布置得交关舒齐。平常，勿但可以勒书房里做作业、看书，有辰光还可以勒里向白相。

我格书房北面是只书柜。里向有我写毛笔字用格毛笔、墨水、宣纸，我吭没事体格辰光就练练毛笔字。书柜就像一个整理师一样，拿阿爸、姆妈搭我格交关书，侪一坌（音：皮）一坌有次序格放勒里向。

书房顶顶南面放了一张老显眼格书桌。迭张书桌可勿一般，是T字型格，一共有六只抽斗。上头三只用来放文具、收音机搭电脑键盘格，而下头三只是用来放白相倌格。迭张书桌浪还有一只护眼台灯，我可以勒夜里做作业格辰光派伊用场，保护好自家格眼睛。我每天看好书还会得勒拉书房里打开收音机听美妙格音乐。

书房格西面有我平常白相格航模搭我格脚踏车。航模是我格最爱，书房里有几十只勿同种类格航模，有飞机、火箭、兵舰搭各种车子。

书房格东面摆了几盆绿油油格绿萝，我做功课吃力了，抬头就能看到书房里格绿色植物，放松眼睛。

我格书房是多功能格，我斜气欢喜我格书房。

书柜　　毛笔　　墨水　　宣纸　　书桌　　抽斗　　文具　　收音机
电脑键盘　　白相倌　　台灯　　航模　　脚踏车　　绿萝

课文注解

1. 白相：玩耍。
2. 事体：事情。
3. 一坒一坒：一批一批，一叠一叠。
4. 次序：顺序。
5. 抽斗：抽屉。
6. 白相倌：玩具。
7. 勒拉：在。
8. 脚踏车：自行车。
9. 吃力：累。

语法要点

一、"勒拉"为啥勿是"勒该"

上海话"勒拉"是普通话"在"格意思。作动词谓语，比方："我勒拉预备（1）班""我勒拉北京"。作介词，又比方："阿拉勒拉上海动物园白相"、"我住勒拉市区"。有时，"勒拉"也可用"勒"字。

"勒该"是宁波话"来该"的谐音，上海话"在"表字应该用"勒拉"。

二、ABB式颜色形容词

红彤彤

黄哈哈

黄橙橙（淡黄色）

绿油油

蓝莹莹

灰蒙蒙

黑出出（音：赤）

白寮寮

白呼呼

巩固练习

看词造句，根据提供格上海闲话词语，用上海闲话造句

1. 白相倌、书房、航模、好白相
2. 脚踏车、上学、吃力
3. 书桌、毛笔、练字、勒拉

外国寓言

口渴的乌鸦

乌鸦嘴巴干得要命，伊飞到一只大水缸旁边，水缸里没几化水，伊想尽了办法，仍旧吃勿到。于是，乌鸦就用全身力气去推大水缸，想拿水缸推倒，拿水倒出来，而大水缸随便哪能推也推勿动。迭个辰光，乌鸦想起了伊曾经用过格办法，用嘴巴叼眼石头投到水缸里，随着石头格增多，水缸里格水位也就逐渐格升高了。最后，乌鸦高兴格吃到了水，解了口渴。

是呀，智慧往往胜过力气。

唐 诗

枫 桥 夜 泊

（唐）张 继

月落乌啼霜满天，	月、落，入声字。
江枫渔火对愁眠。	眠，音：米。
姑苏城外寒山寺，	
夜半钟声到客船。	客，入声字。

第三单元 校 园 篇

单元导引

学校是有计划、有组织地进行系统教育的组织机构。学校教育是由专职人员和专门机构承担的有目的、有系统、有组织的，以影响受教育者的身心发展为直接目标的社会活动。学校教育是与社会教育相对的概念。专指受教育者在各类学校内所接受的各种教育活动，是教育制度重要组成部分。一般说来，学校教育包括初等教育、中等教育和高等教育。

最初的教育活动与人类的生产、社会生活融为一体，人们主要是通过言传身教，传授知识和技能。随着生产力水平的提高，物质财富逐渐增加，有些人就可以从体力劳动中脱离出来，专门从事脑力活动；同时语言文字也在丰富和发展。这样，独立的教育机构——学校便逐渐孕育产生了。学校的出现标志着人类教育活动进入一个自觉的历史时期。

上海人习惯把学校称之为"学堂"，黑板擦称之为"黑板揩"，对各种学校设施、学习用品的称呼，上海话与北方话大同小异，只是读音、发音不同。同学们可以上课学好普通话，下课讲讲上海话。

第九课　学　堂

上海闲话

我　格　学　堂

　　一走进我学堂格校门，首先映入眼帘格就是两旁边格花坛。一到春天，各式各样格花侪开了：黄颜色格、橘黄颜色格、淡黄颜色格……伊拉争奇斗艳，既漂亮又温馨，使校园增添了几分春意。

　　大门格正前方竖了一根十几米高格旗杆，每逢礼拜一早浪向，同学们侪会到迭搭，着仔干净整洁格校服，排着整齐格队伍，唱着国歌，行着队礼，注目国旗冉冉升起。

　　旗杆格东面是阿拉格教学楼，一共有五层，四十多间教室。教室里发出朗朗格读书声，让人感到一种活泼、蓬勃向上格学习气氛。

　　旗杆格南面教学楼里有老师格办公室，教师勒拉伊面经常为我伲批作业、备课、写教案，为祖国格花朵能茁壮成长辛勤格工作。

　　出了教学楼，向西转弯，就是学堂格操场了。阿拉就勒拉迭搭踢足球、打篮球、练长跑、跳长绳……

　　迭个就是阿拉漂亮又可爱格学堂，一个充满了欢乐格地方。

生词短语

学堂　　校门　　花坛　　校服　　队伍　　队礼　　教学楼
教室　　办公室　　操场

课文注解

1. 学堂：学校。
2. 礼拜一：星期一。
3. 着：穿。

语法要点

一、表示"合在一起"格副词

上海闲话当中，同义词特别多，比方，表示"合勒一道"格副词就有一共、一总、总共、共总、统总、拢共、一共拢总、一塌刮子……

二、细腻格动词

上海闲话当中，表示动作格常用动词相当细腻。比方：上海闲话用"穿"表示"穿马路"，用"着"表示"着衣裳"，而普通话两种意思只用"穿"一个词表示。普通话表示"溢出"，上海闲话可以用"潽出来""革（音：葛）出来"。普通话"搅拌"格意思，上海闲话可以用"掏、调、拌"等来表示。

巩固练习

请同学们以小组为单位用上海闲话介绍自家格学堂，至少3句

_____

_____

_____

外国寓言

小孩与栗子

一个小囝拿手伸进装满栗子格瓶里,伊想尽可能格抓一大把。但当伊想要拿手伸出来格辰光,手却拨勒瓶口卡牢了。伊既勿愿意放弃一部分栗子,又勿能拿出手来,只好痛哭流涕。一个过路人搭伊讲:"侬还是知足点哦,只要少拿一半,侬格手就能老方便格拿出来了。"

是呀,做事体、得好处侪勿好贪图,人一定要知足。

唐 诗

望 岳

(唐)杜 甫

岱宗夫如何,齐鲁青未了。	齐、青,尖音字。
造化钟神秀,阴阳割昏晓。	秀,尖音字。隔,入声字。
荡胸生层云,决眦入归鸟。	决、入,入声字。
会当凌绝顶,一览众山小。	绝、一,入声字。小,尖音字。

第十课　课　堂

上海闲话

我格课堂我作主

　　新学期，新气象，迭个学期，学堂里要实施"我格课堂我作主"格教学模式，让阿拉以小组为单位，合作学习，互相帮助，共同探究。上课再也勿好掏浆糊了。

　　勒拉新格课堂学习浪，我伲培养了团队精神，互相取长补短，共同进步。比方：假使我有勿懂格，勿明白格，阿拉小组格组长就会竭尽全力帮我解决问题，直到我懂了为止。记得有一趟，我有一道数学题勿会解，阿拉格组长就过来耐心格讲解，尽力搭我解围，拨我格心灵以慰藉，让我觉着人与人之间格和睦，社会格温暖。就迭能一桩小小格事体，就让我有所收获。我相信：勒拉今后格合作学习当中，我会收获更加多格知识搭温暖。

　　当然，我勒拉课堂浪也收获了一种团队精神——那就是团结。老师提问题以后，阿拉小组勒拉一道讨论，集思广益，使问题回答了更全面，更正确。

　　新格模式，我最大格收获就是：团结就是力量。我会记牢迭句闲话，搭同学们团结合作，共同进步。

生词短语

课堂　　组长　　数学题　　和睦　　知识　　团结　　问题
正确　　进步

课文注解

1. 掏浆糊：浑浑噩噩，糊里糊涂。
2. 一趟：一次。

语法要点

一、表示将来时态

　　上海闲话当中，勒动词前头加"要"表示将来时态。比方："下个礼拜我要到三亚去旅游了。""等一歇，我要去上课了。"

二、"掏浆糊"

　　上海闲话当中，讲某一人勒拉混日脚、做事体马马虎虎，可以用"混腔势""脚踏西瓜皮，滑到嗰里是嗰里""拆烂污""掏浆糊"等来形容。

巩固练习

请同学们拿下面格句子翻译成上海闲话

1. 在教室的一个角落里，有二十几本书堆着，这个是我们班里的小小图书馆。
2. 我们学校有一个大操场，操场周围是一圈塑胶跑道，我们可以在上面练习长跑。
3. 我们班里一共有四十五个同学，上课学好普通话，下课讲讲上海话。
4. 这点作业都是今天要做好的，不做好明天要被老师批评的。
5. 我们教室的墙壁是蓝色的，两边挂了非常精致的镜框，里面是我们小时候的照片。

演播室

请同学们用上海闲话演绎选段对白

瞎起绰号

儿 子：阿爸，阿拉班级里来了一个"胖猪猡"。

爸 爸：啥人是"胖猪猡"？

儿 子：阿拉格新同学。

爸 爸：倷子啊，侬勿好随便搭人家起绰（音：蔡）号格。很勿礼貌，老勿友好。

儿 子：阿拉小朋友道里侪迭能叫伊格。伊一顿饭要吃一大碗肉，吃得来胖墩墩、肉鼓鼓，大家侪叫伊"胖猪猡"格。

爸 爸：迭个勿礼貌，勿文明。有些人挖空心思搭人家乱起绰号，对人家是勿尊重。

儿 子：嘻嘻，格也是"爱称"呀。

爸 爸：勿可以格。假使我碰着侬，介绍自己屋里向格人也侪用绰号，像啥样子啊？

儿 子：迭好像也呒啥格勿好呀。

爸 爸："喔哟！长豇豆啊。"

儿 子："喔哟！芋艿头啊。侬旁边格是啥人啊？"

爸 爸："迭个侬勿认得啊？我爷老头子黄鱼头啊。"

儿 子："旁边一个老太是啥人啊？"

爸 爸："迭个侬勿认得啊？我老娘小扁豆啊。"

儿 子：哦唷唷，听上去，一家门名字侪像小菜场格小菜了。

爸 爸：难听哦？所以啊勿能滥起绰号。

注解：

1. 绰号：外号。

2. 胖墩墩、肉鼓鼓：很胖。

3. 挖空心思：用尽心机，千方百计。

4. 爷老头子：父亲，爸爸。

5. 老娘：母亲，妈妈。

童 谣

赖 学 精

赖学精，	学，入声字。精，尖音字。
白相精，	白，入声字。相，尖音字。
书包掼勒屋头顶，	
看见先生难为情！	先、情，尖音字。

注解：

1. 赖学精：指不肯上学或经常逃学的孩子。
2. 白相精：指贪玩的小孩。
3. 掼：扔。
4. 屋头顶：指房顶。
5. 先生：指老师。
6. 难为情：是害羞的意思。

第十一课 操 场

操场上格笑声

"哈哈哈""嘻嘻嘻"格笑声勿断格勒操场上空回荡，原来阿拉班级正勒拉进行一场吃弹簧屁股格游戏。

阿拉学堂格操场四周格角角落落种满了碧绿生青格树木，有高高格银杏树，四季常绿格香樟木，还有两排法国梧桐树，环境交关幽雅。夏天日中心上体育课格辰光，阿拉好蹲勒树阴下头，斜气阴凉。

操场是塑胶格跑道，阿拉可以勒拉上头练习长跑。操场当中是只足球场，旁边有几只篮球场搭羽毛球场，还有双杠搭单杠。勒体育课浪，阿拉还学跳高、跳远，比赛跳绳、踢毽子，白相游戏，老开心！

生词短语

操场	吃弹簧屁股	银杏树	香樟木	梧桐树	树阴
塑胶跑道	足球场	篮球场	羽毛球场	双杠	单杠

课文注解

吃弹簧屁股：是一种游戏，输格一方要面对墙壁，拨对方用皮球敲屁股。

语法要点

一、名词重叠

角角落落——表示每个角落

粒粒屑屑——表示许多碎屑

袋袋——小袋子

豁豁——小裂缝

水潭潭——小水坑

脚脚头——一些剩余物

二、形容词生动形式

碧绿生青——非常绿

石刮铁硬——非常坚硬

刮辣松脆——非常松脆

的粒滚圆——滚圆滚圆

热炙潽烫——滚烫滚烫

巩固练习

请侬选出发音勿同格一个选项

( ) 1. 选出下列词语中"日"字发音不同格词。

　　A. 日脚　　　　B. 日中心　　　　C. 日里向　　　　D. 日记

( ) 2. 选出下列词语中"生"字发音不同格词。

　　A. 学生　　　　B. 生命　　　　C. 生日　　　　D. 生意

( ) 3. 选出下列词语中"间"字发音不同格词。

　　A. 间隔　　　　B. 衣帽间　　　　C. 空间　　　　D. 时间

( ) 4. 选出下列词语中"儿"字发音不同格词。

　　A. 儿子　　　　B. 儿童　　　　C. 幼儿园　　　　D. 少儿

( ) 5. 选出下列词语中"耳"字发音不同格词。

　　A. 耳机　　　　B. 耳朵　　　　C. 木耳　　　　D. 耳边风

外国寓言

朋 友 与 熊

两个平常斜气要好格朋友一道上路。半路浪，突然碰着一头狗熊，其中格一个立即闪电般格抢先爬上了树，盘了起来，而另外一个眼见逃生再也没希望，就灵机一动，马上睏倒勒地浪，紧紧格摒牢呼吸，假装死脱了。据说，熊是从来勿吃死人格。迭只熊走到嗳个装死格人门前，用鼻头勒拉伊面孔浪闻（音：门）了闻，转身离开了。

盘勒树浪格人下来以后，就问地浪装死格人，刚刚格迭只熊勒拉侬耳朵旁边讲点啥？嗳个人讲："熊告诉我，今后千万注意，勿要搭伊种勿能共患难格人轧道。"

讲得有道理，勿能共患难格人勿是真正格朋友。

唐 诗

春 夜 喜 雨

（唐）杜 甫

好雨知时节，　　节，尖音字、入声字。
当春乃发生。
随风潜入夜，　　潜，尖音字。入，入声字。
润物细无声。　　物，入声字。细，尖音字。
野径云俱黑，　　黑，入声字。
江船火独明。　　独，入声字。
晓看红湿处，　　湿，入声字。
花重锦官城。

第十二课 社 团

上海闲话

社 团 招 募

"社团招募开始啰……"勿晓得是啥人勒陌生头叫了一声。原来是同学们期待已久格学堂社团今朝正式开始报名了!

吃好中饭,同学们迫勿及待格跑到报名格地方——食堂前头格小广场,此地老早已经是人潮涌动,同学们勒拉大约十几只社团里做最后格选择,挑选自家欢喜格社团。有格选择"独脚戏",有格选择舞蹈社团,有格选择合唱社团,还有格则选择动漫画社团……

秋高气爽格天气衬托着大家快乐格心情,同学们一边为到底选择嗱里一个社团内心纠结,同时又为学堂里开设丰富多元格社团而感慨。蔚蓝格天空偶尔飘过一片白云,一群小鸟飞过小广场格上空,午后格阳光十分温和。社团报名活动勒拉同学们格讨论声中结束了,社团又有了新格小伙伴,充满了生机搭活力!

生词短语

社团招募　　迫勿及待　　食堂　　独脚戏　　舞蹈　　合唱　　动漫画

课文注解

1. 中饭：午饭。
2. 嗾里：哪个，哪里。

语法要点

一、表示"突然"的词

上海闲话当中，同义词特别多，譬如表示"突然"的词就有"一记头、突然、忽然、突然间、突然之间、忽声能、着生头、着末生头、着生头里、勒陌生头……"

二、表示"大约"的词

上海闲话当中，同义词特别多，譬如表示"大约"的词就有大约、大概、作兴、大约摸、大约莫酌（也有"大约莫账"）、大约光景……

巩固练习

看词造句，根据提供格上海闲话词语，编一个故事

1. 食堂、中饭、味道、灵光
2. 操场、篮球、第一名、啦啦队
3. 课堂、老师、提问题、难为情

演播室

请同学们用上海闲话演绎选段对白

老　师：小明，请问侬参加了嗾里一个社团？为啥要参加？

小　明：我参加了足球社团，老师讲我是踢足球格料，我从此就爱上了足球，刻苦练习。

老　师：小菲，侬呢？

小　菲：我参加了女子篮球社团，从小学开始我格兴趣爱好就是打篮球，格趟有篮球社团，所以我就去报名了。

老　师：格末，小美侬报格啥？

小　美：我去参加了舞蹈社团，因为我有跳舞蹈格特长，有迭方面格基础，也特别欢喜舞蹈。

老　师：是要发挥个人格兴趣搭仔特长。哎，还有小玲呢？

小　玲：我选择了小记者团，因为我比较欢喜写作文，欢喜用文字去表达一切。

老　师：希望迭趟格社团招生，能拨所有同学带来新格知识搭快乐。

童　谣

木　头　人

三三三，

阿拉侪是木头人，　　　木，入声字。

勿许哭来勿许笑，　　　勿、哭，入声字。笑，尖音字。

还有一个勿许动。

第四单元 人 体 篇

单元引导

人体也可以说是一个人的身体，主要由头、颈、躯干、双臂及双腿等部分组成。在一般生物学或医学来说，人体除了以上各部分，还包括呼吸系统、心血管系统、神经系统和内脏。

我们身体表面是皮肤，皮肤下面有肌肉和骨骼。在头部和躯干部，由皮肤、肌肉和骨骼围成的两个大的腔：颅腔和体腔。颅腔和脊柱里的椎管相通。颅腔内有脑，与椎管中的脊髓相连；体腔又分隔为上下两个腔：上面的叫胸腔，内有心、肺等器官；下面的叫腹腔，腹腔的最下部（即骨盆内的部分）又叫盆腔，腹腔内有胃、肠、肝、肾等器官，盆腔内有膀胱和直肠等器官。

通过以上的介绍，我们对自己身体的组成有了了解，而上海话和身体有关的俗语也不少，例如"额骨头碰到天花板"，意思是额头碰到了屋内的顶部，是指运气非常好。又如"捂心"，是一种心里的感觉，指某事称心如意。还如"蹩脚"，是非常差的意思，通常形容做事、做人等方面的差劲。还有"心搭肺勒拉撞"，形容焦急、后悔、痛苦。

如何学好人体各部分的上海话，在这里给些小小建议，归纳起来为八个字：从上到下，由外而内。"从上到下"可以从"脸"，包括脸上的各个器官，然后向下到手、腿、脚等各个部位；而"由外而内"，可以先从"皮肤"开始学，然后学心、肺、肝等的上海话。诀窍就是用标准上海话在生活中经常讲，讲顺口了，自然而然就熟练了。

第十三课　五　官

上海闲话

五 官 健 康

爸　爸：今年放暑假我要到学堂里做校外辅导员，去讲卫生常识。侬子啊，侬看迭是一张啥格图啊？

儿　子：迭张图是人格各种器官图，蛮吓人倒怪格。

爸　爸：侬子啊，现在侬就算学生，阿爸先讲拨侬听听："同学们，迭个是一张人体各种器官挂图。㑚讲讲看，嘴巴、眼睛、鼻头、耳朵，应该注意眼啥格卫生？举手回答。"

儿　子：老师，我来讲两句。先讲嘴巴，吃了勿清爽格物（音：末）事，细菌容易到嘴巴里向去，迭格叫病从口入。

爸　爸：对，讲得对格！还有呢？

儿　子：再讲眼睛，要注意保护视力。阿拉班级戴眼镜格同学已经有三分之一了，所以大家勿好当伊呒介事，一定要坚持做眼保健操，注意用眼卫生。

爸　爸：讲得蛮有腔调！还有呢？

儿　子：我再讲耳朵，勿好自家瞎挖耳朵格。还有勿好一直拿耳机塞勒耳朵里听音乐，辰光长了对耳朵呒啥好处格。

爸　爸：刚刚迭个同学用简单格闲话，讲出了五官格保健知识，蛮勿错。为了健康，为了保护大家性命，阿拉必须从小讲卫生。下课！

儿　子：阿爸，侬子配合得好哦？

爸　爸：勿推板。

生词短语

五官　　嘴巴　　眼睛　　鼻头　　耳朵　　细菌　　病从口入
眼镜　　耳机

课文注解

1. 吓人倒怪：很吓人。
2. 注意眼：注意点。
3. 讲两句：讲一下。
4. 物事：东西。
5. 呒介事：不当一回事。
6. 腔调：像样，样子。
7. 辰光：时间。
8. 勿推板：不错。

语法要点

一、语气词

呀——表示亲切

啊——表示感叹或一般疑问

哦——可表示一般疑问，同普通话的"吗"，也可表示商量或推测，同普
通话的"吧"

啦——可表示语气稍重的疑问

噢——可表示告知或叮嘱语气

好咪——可表示建议的语气，也可表示劝说

呢——音：尼、呐，同普通话"呢"

二、否定词

勿——不

勿要——不要；别

覅——不要

呒没——没有

呒——没

巩固练习

游戏"说东指西"

游戏规则：随机抽取 10 个同学上台参加游戏，分两组，每组 5 人。游戏规则是由主持人发口令让游戏者指本人头浪格五官，游戏者要迅速指口令以外别格器官为赢，指了口令中格五官为游戏失败，被淘汰；胜利者继续下一轮游戏，坚持到最后格一人获胜。（如主持人讲"鼻头"，游戏者必须指鼻头以外格其他五官才算赢。）

中国寓言

断尾的狐狸

一只狐狸拔勒捕兽器拿尾（音：尼）巴夹断了。受了迭种耻辱以后，伊觉着自家面孔浪老没光彩，日脚勿好过，所以伊决定劝说其他狐狸也弄脱尾巴，迭能一来大家可以侪一样了，伊格缺点就可以掩饰过去了。于是召集了所有格狐狸，劝说伊拉割脱尾巴，伊胡天野地格讲尾巴既勿雅观，又使大家拖勒了一件笨重格物事，是多余格负担。有一只狐狸立起来讲："喂，朋友，假使迭能做对侬呒啥好处，侬就勿会迭能煞费苦心格来劝说我侬了。"

迭个故事蛮适用于一些勿是出于好意，而是为了自家利益而去劝告别人格人。

童谣

一歇哭　一歇笑

一歇哭，一歇笑，
两只眼睛开大炮。
一开开到城隍庙，
城隍老爷哈哈笑。

一、歇，入声字，团音。笑，尖音字。
只，入声字。睛，尖音字。

笑，尖音字。

第十四课　手舞足蹈

上海闲话

五 指 选 秀

爸　爸：阿爸今朝再讲只故事拨侬听听！

儿　子：阿爸格故事侪勿推板格，我要听格。

爸　爸：好格。有一日，人格身体举办"金手节头评比"，第一名好拿到搭自家一式一样大小格纯金手节头一根。吃过中饭，五根手节头开始别苗头了。

儿　子：迭倒蛮有劲格。

爸　爸：大指姆（音：么）头老三老四格讲："阿拉五兄弟当中我老大，我外头最扎台型，要表扬人家，侪要我出山，比方讲'好''蛮''灵光''顶脱'，侪要翘一翘我大节头，被表扬格才捂心。"

儿　子：忒骄傲了哦。

爸　爸：迭格辰光食指勒拉旁边冷笑了一声，伊笃悠悠格讲："人家侪靠我来指目标，指方向，我食指格用场超过指南针。"

儿　子：各有各格用场，不过口气侪忒大。

爸　爸：中指实在屏勿牢了，伊极吼吼格讲："侬勿要讲了，大家并排立，比长短，我比侬四家头要长出交交关关唻……"

儿　子：倒是中指顶长。

爸　爸：中指还没讲完，第四根手节头马上接上去讲："人家侪叫我无名指，迭个忒勿公平唻！现在结婚戴格钻戒，还勿是侪戴勒我格身浪？我是最赅铜钿格！勿能吭没名字，应该叫我……钻戒指！"

儿　子：自说自话！

爸　爸：小指姆（音：么）头本来吭啥好讲格，因为伊顶小，但是迭趟伊也要轧一脚，伊讲："侬勿要当我小三子、小八腊子，就欺负我。侬有啥稀奇啦！拉钩钩，讲朋友，没我小指姆头来三哦？"

儿　子：个个侪勿买账格。

爸　爸：迭个辰光手掌心发调头了！

儿　子：噢，手掌心讲啥呢？

爸　爸："好格，俪本事侪比我大，格末迭能，现在五根手节头侪离开我手心，自家去过日脚，看俪还自以为是哦？"

儿　子：五根手节头离开手心立也立勿牢了！

爸　爸：五个手节头侬看看我，我看看侬，侪闷声勿响了。

生词短语

手节头　　大指姆头　　食指　　中指　　无名指　　小指姆头　　手掌心

课文注解

1. 一式一样：一模一样。

2. 别苗头：比高低。

3. 老三老四：为人、做事不谦虚。

4. 出山：出面。

5. 崭、灵光、顶脱：非常好，非常棒。

6. 捂心：舒服愉快，称心满意。

7. 笃悠悠：指慢条斯理。

8. 极吼吼：着急、慌忙的样子。

9. 赅铜钿：有钱。

10. 自说自话：自作主张。

11. 轧一脚：指插足。

12. 小三子：地位低下，不被重视的人。

13. 小八腊子：无名小卒，无权无势的小人物。

14. 来三：可以。

15. 发调头：发话。

16. 日脚：日子。

17. 闷声勿响：不出声。

语法要点

一、感叹词

哎———一般呼语，也用作疑问时

嗳———表示赞成、同感

喂———一般作打电话呼唤或招呼别人时

噢———表示答应

哦———表示答应，也用作"是吗"的意思

喔唷———可表示喜悦、惊叹、喜出望外，也可表示没料到的遗憾

二、"来三"格典故

"来三"一词，上海人通常是用来称赞别人能干、精明、有本领格，比方"迭个人老来三，迭趟比赛又得了第一名。"

除脱上述意思，"来三"还经常表示"可以、可行"格意思，比方"迭桩事体迭能做来三勿来三，还是要多听听大家格意见。"

用"来三"表示"可以、能干、行"格意思，有迭能一个传说（清·王有光《吴下谚联》）：明朝末年某考官主持江南考试，收受贿赂，曾经派人勒拉外面偷偷放风：只要送伊（考官）三百两银子，就可保侬考中秀才。考试格辰光，伊拿送伊银子格童生故意安排勒拉编号为"来"字三号格考棚里。考完后，伊又暗示阅卷老师"来"字三号格考卷要好好评。阅卷老师也心领神会，拨"来"字三号格考生侪评了个好成绩。发榜时，一眼付了银子格童生，居然个个如愿以偿，中了秀才。王有光讲："自后得售者，皆隐语'来三'，不照者曰'不来三'，凡事皆然，不但考试矣。"从此以后，大家就把"来三"隐喻为有本事，能办事，又转而引申为可以、能干格意思，而"不来三"就成了不行、不可以格意思了。

上海闲话俗语"来三"格出处还有一种说法，有人考证是由"襕衫"一词流变而来。古时候士人、儒生格服装都称襕衫，《新唐书·车服志》称："太宗时，士人以棠苎襕衫为上服。"《宋史·舆服志》亦记载："襕衫，以白细布为之，圆领大袖，下施横襕为裳，腰间有襞积，进士、国子生、州县生服之"。可见勒拉古代，襕衫是士大夫辈格常服；到明清，襕衫则被规定为秀才、举人格公服。勒拉"万般皆下品，唯有读书高"格中国封建社会中，襕衫是读书人穿格服装，是知识分子格象征，于是"襕衫"也就成了精明、能干者格代

名词，并沿用到现在。随着社会格进步，人们服饰格改变，襕衫逐渐淡出了我侬格社会生活，"襕衫"一词也讹变成了"来三"。

巩固练习

根据所叙述格意思，写出有关"手"和"脚"格成语

1. 形容对财物毫勿吝惜；吭没节制格随便花费。(　　　　)
2. 指轻率慌张，做事体勿仔细。(　　　　)
3. 形容动作或手脚勿灵活。(　　　　)
4. 左手左脚同时运动。(　　　　)
5. 形容人多手杂，动作纷乱。(　　　　)
6. 形容做事慌张而吭没条理，勿晓得如何是好。(　　　　)
7. 比喻瞎指挥，乱加指点批评。(　　　　)
8. 做事有顾虑，勿敢放手去做。(　　　　)

演播室

请同学们用上海闲话演绎选段对白

啥人本事大

爸　爸：今朝阿爸搭侬讲一只寓言故事。

儿　子：阿爸，我老要听格。

爸　爸：好格。有一日，手搭嘴巴要比啥人本事顶大。先是手一本三正经，像煞有介事，狠三狠四搭大家讲："各位兄弟，讲起啥人本事顶大，我勿客气了——本事我顶大——造房子、筑公路、修台子凳子、吃饭、端碗、捡菜等等等等，侪要靠我手，㑚讲对哦？"

儿　子：介狠啊？

爸　爸：就是呀。嘴巴一听勿服帖了，马上开口就讲："手老弟，勿是我摆魁劲，要讲本事，我格本事也勿小！侬看人家吃饭格辰光、老朋友碰头攀谈、就是侬学讲上海闲话，嗱里一桩勿靠我嘴巴？㑚到讲讲看，手本事大还是我嘴巴格本事大？"

儿　子：嘴巴讲得也有道理。

55

爸　爸：手勿服帖嘴巴，觉（音：角）着嘴巴勒拉搭伊抢功劳，就弹出眼乌子，翘起小胡子，五斤狠六斤格讲："假使我手勿拿物事拨侬，侬哪能吃法？我手勿搭老朋友握手，侬哪能表示热情？学上海闲话，单靠侬嘴巴讲啊？要末勒拉瞎讲。我手勿指牢纸头浪向迭个字，人家看也看勿懂。侬嘴巴再叫，人家也勿晓得侬勒讲啥！侬勿要神兜兜！"

儿　子：迭记尴尬唻。

爸　爸：嘴巴一听，一时头浪讲勿出闲话，心里想：侬手明明勒硬扎我台型，坍我招势。伊发老极了，"我今朝开始，再也勿吃物事，看侬哪能活下去！"

儿　子：嘴巴发戆劲了。

爸　爸：是啊。隔手，手真格勿肯去拿吃格物事，嘴巴也勿愿意去求伊。过了几天，手呒没力道去拿物事了。嘴巴呢，像瘪脱格轮胎呒没气力，动也勿动了。

儿　子：大家侪勿合（音：葛）算。

爸　爸：所以讲，要晓得身体各个部位合（音：盒）勒一道是个整体，啥人也少勿脱啥人。团结勒一道才有力量。

儿　子：一点勿错！

注解：

1. 像煞有介事：装模作样。

2. 狠三狠四：恃强逞凶。

3. 摆魁劲：摆老资格，标榜。

4. 眼乌子：眼珠。

5. 五斤狠六斤：气势汹汹，也作用足劲头，但得不到好的效果。

6. 神兜兜：神气活现，趾高气扬。

7. 迭记：这一下。

8. 扎我台型：出风头，在别人面前显耀自己。

9. 坍我招势：丢我的脸。

10. 发老极：着急，发急。

11. 发艮劲：形容脾气倔不懂变通。

12. 隔手：很快，于是。

13. 瘪脱：泄气。

唐诗

春　晓

（唐）孟浩然

春眠不觉晓，　　眠，音：米。不、觉，入声字。

处处闻啼鸟。

夜来风雨声，

花落知多少！　　落，入声字。

第十五课　五脏六腑

上海闲话

急 性 肺 炎

爸　爸：伲子，老爹住医院了，阿拉今朝去看看伊好哦？

儿　子：好格。老爹生啥毛病？

爸　爸：急性肺炎。

儿　子：伊格身体一向蛮健康，哪能会得肺炎？

爸　爸：可能昨天早浪出去买菜没带伞，回来辰光淋着雨着冷了。

儿　子：阿爸，急性肺炎格症状是哪能格？

爸　爸：发寒热、咳嗽，有辰光还会恶心、呕吐。

儿　子：哦。格末迭个毛病要紧哦？

爸　爸：呒啥，配合医生治疗，住院一个礼拜就好了。迭趟还好阿奶发现了早，及时陪老爹到医院去看毛病，勿然就会病情加重……

儿　子：格咾生毛病勿好拖拖拉拉、木知木觉，勿然小毛病也要变成大毛病。

爸　爸：侬迭记脑子倒蛮清爽。

儿　子：嘻嘻。

爸　爸：走，阿拉先去买点水果。

生词短语

住医院　　毛病　　急性肺炎　　症状　　发寒热　　咳嗽

恶心　　呕吐

课文注解

1. 哪能：怎么会。
2. 发寒热：发热，高烧。
3. 格咾：所以。
4. 木知木觉：麻木迟钝；糊涂，不知不觉。

语法要点

一、AABB 形式格形容词

拖拖拉拉

急急匆匆

清清爽爽

老老实实

花花绿绿

马马虎虎

认认真真

交交关关（很多）

斜斜气气（很多）

爽爽快快

爽爽气气（爽快）

鸡（音：其）鸡狗狗（不和）

二、复句

并列关系——"既……又……"

递进关系——"勿但……而且……"

转折关系——"……，不过……"

因果关系——"因为……格咾……"

条件关系——"一……就……"

巩固练习

单项选择题，请选择题目中粗体字正确格意思

（　　）1. 今朝我上课迟到，老师请我吃了一顿**排头**。

    A. 一种食品　　　　　　　　B. 头部的某个部位

    C. 队伍的最前头　　　　　　D. 批评

（　　）2. 老师叫小明回答问题，伊一直答错脱，**我肚肠根也痒煞脱**了。

    A. 肠子有病，发痒　　　　　B. 一种迫不及待的心理状态

    C. 肚子疼痛，想方便　　　　D. 胃疼

（　　）3. 今朝我跌了一跤，**脚馒头**有一块乌青块。

    A. 一种食物　　　　　　　　B. 脚踝处突出的地方

    C. 膝盖　　　　　　　　　　D. 脚背

（　　）4. 暑假结束了，要开学了，乃要**收骨头**了。

    A. 收回骨头　　　　　　　　B. 加强管束

    C. 检查体内的骨骼　　　　　D. 做替罪羊

（　　）5. 昨天体育课跑了一千米，今朝我格两只**黄鱼肚皮**酸得勿得了。

    A. 黄鱼的肚子　　　　　　　B. 大腿

    C. 脚踝　　　　　　　　　　D. 腿肚子

（　　）6. 阿爸讲我是**黄鱼脑子**，介简单格数学题目也会做错脱。

    A. 黄鱼的脑子　　　　　　　B. 聪明脑袋

    C. 笨脑袋　　　　　　　　　D. 一种黄鱼食品

（　　）7. 老爹今朝**触霉头**，一条鱼也呒没钓着。

    A. 倒霉　　　　　　　　　　B. 碰到不好的东西

    C. 吃到发霉的馒头　　　　　D. 交好运

（　　）8. 这条围（音：于）巾放在柜台里，老**弹眼落睛**格。

    A. 戴眼镜　　　　　　　　　B. 近视眼

    C. 用弹弓弹瞎了眼睛　　　　D. 醒目好看

外国寓言

胃 与 脚

胃搭勒脚勿断格争吵啥人格力气大。脚总是夸自家格力气是其大无比，能够拿整只肚皮搬来搬去，胃却回答讲："喂，朋友，假使我勿拨侬营养，乃末侬啥物事啊搬勿动了。"

由此可见，人各有所长，要相互帮助。

童 谣

马马虎虎打十记

本来要打万万记，
现在辰光来勿及，　　　　勿，入声字。
马马虎虎打十记，　　　　十，入声字。
一、二、三、四、五、
六、七、八、九、十。　　一、六、七、八、十，入声字。

61

第十六课　头　　脑

大脑用途

儿　子：阿爸，学堂里格同学搭老师侪讲我老聪明格，讲我脑子好，记性好。

爸　爸：嘿嘿，迭个等于勒表扬俉阿爸，因为有了介聪明格阿爸，才会有介聪明格倪子，迭格就叫有种出种。

儿　子：阿爸，侬不要介神气，人家侪讲只有聪明格姆妈才会养出聪明格倪子。

爸　爸：迭个……侬倪子是阿爸姆妈格结晶品，跟爷娘遗传终归有眼关系格。我刚刚搭侬打打棚。

儿　子：我也是跟侬打打棚格。不过我自家也是觉着蛮聪明格。

爸　爸：侬倒是"自作聪明"。既然迭能，今朝我要来考考侬：侬讲讲看，记性好主要是靠啥？

儿　子：靠脑子呀。

爸　爸：对格，脑子里有各种区域，有格控制听觉，有格控制视觉，有格管神经，等等等等，拿收到格信息还可以转换成语言来传达。

儿　子：阿爸侬本事老大格，样样侪懂格。

爸　爸：我也侪是从书浪看得来格。

生词短语

聪明　脑子　结晶　遗传　听觉　视觉　神经
信息　语言

课文注解

1. 有种出种：指人的遗传。
2. 打打棚：开开玩笑。

语法要点

一、动词重叠

考考侬
摆摆齐
放放好
修修平
理理好
嘲嘲伊（嘲讽）
捧捧侬（吹捧）

二、表示动作格尝试词

讲讲看
吃吃看
戴戴看
写写看
听听看
猜猜看
动动看

巩固练习

上海闲话里有不少"× 头 × 脑"格词语，请选择正确格选项

(　　) 1. 迭个人_____格，侬要当心点。
　　A. 鬼头鬼脑　　　　　　　B. 滑头滑脑
　　C. 呒没头呒没脑　　　　　D. 花头花脑

(　　) 2. 伊_____，老会得讲闲话格。
　　A. 花头花脑　　　　　　　B. 木头木脑
　　C. 戆头戆脑　　　　　　　D. 寿头寿脑

(　　) 3. 嗳个小囡_____，骨头轻来西格。
　　A. 摇头甩脑　　　　　　　B. 痴头怪脑
　　C. 鬼头鬼脑　　　　　　　D. 噱头噱脑

(　　) 4. 侬勿要看伊是_____格，伊是戆进勿戆出。
　　A. 戆头戆脑　　　　　　　B. 油头滑脑
　　C. 夹头夹脑　　　　　　　D. 昏头昏脑

(　　) 5. 迭只小狗真好白相，看到我就_____。
　　A. 犟头倔脑　　　　　　　B. 贼头狗脑
　　C. 鬼头鬼脑　　　　　　　D. 摇头晃脑

演播室

请同学们扮演医生搭小美，演绎迭段对话

看　病

医　生：啥地方勿适意啊？

小　美：最近呒没胃口，吃了也勿消化。

医　生：迭种症状持续几天啦？

小　美：已经三天了。

医　生：睏到床浪去……迭搭痛伐？

小　美：痛格。

医　生：迭搭呢？

小　美：格搭勿痛。

医　生：侬得格是急性胃炎，搭侬开点药，要饭后吃。

小　美：晓得了。

医　生：以后勤吃忒油腻、忒辛辣格物事。

小　美：好格。

医　生：按时吃药马上就会好格，记牢了哦?

小　美：记牢了。

 唐　诗

游 子 吟

（唐）孟　郊

慈母手中线，	线，尖音字。
游子身上衣。	
临行密密缝，	密，入声字。
意恐迟迟归。	
谁言寸草心，	心，尖音字。
报得三春晖。	得，入声字。

第五单元　服　饰　篇

单元导引

　　服饰是人体的衣着和装饰的总称，包括服装、鞋、帽、袜子、手套、围巾、领带、提包、阳伞、发饰等。

　　"五·四"时期的上海，一个个爱国青年身穿长衫，脖子上缠一条白色长围巾，游走在十字街头。十里洋场时期的上海滩，一个个"绅士"身穿笔挺的西服，头戴一顶铜盆帽，手握一根手杖，出没在写字间、跑马场、跳舞厅。1949年以后的申城，中山装、玳瑁边眼镜成为一种潮流。20世纪50年代至60年代的困难时期，有过假领头；改革开放后，喇叭裤、牛仔裤风靡沪上；之后又出现比基尼、吊带衫、露脐装等，更体现出上海人开放、包容的精神。在2001年上海APEC会议之后，唐装也曾流行了好一阵子。服装作为时尚的风向标，早已超越了民族的范畴。

　　上海话中服饰的称呼是在不断更新的，我们了解了服饰发展的简史，对学讲上海话有关的服饰会有很大的帮助。

　　上海人习惯把衣服称为衣裳，穿衣服称为"着（音：扎）衣裳"或"穿衣裳"。还有，老年人中也有将衣服称作"布衫"的，但现在已较少听见。对各种款式的衣服称呼，上海话与北方话大同小异，只是读音、发音不同。但也有不同名称的，比如，上海方言中将长裤称为"长脚裤"，短裤称为"短脚裤"；有的还在名称之后加个"头"字，如被子称"被头"，手绢称"绢头"，布称"布头"等。洗衣服称作"汏（音：大）衣裳"，比如"汏裤子""汏衬衫"等。

第十七课　服装与场合

上海闲话

服 装 搭 配

儿　子：阿爸姆妈，今朝我想搭俉一道到公园去锻炼身体。

妈　妈：小鬼头今朝哪能勒陌生头想搭阿拉一道去啊?

儿　子：人家侪讲早浪公园里向老闹猛格。

爸　爸：是格呀，公园里向锻炼格人行(音：杭)情行(音：杭)市。让阿爸调好衣裳带俉一道去。

儿　子：阿爸，调衣裳做啥啦?迭件勿是蛮好格。

妈　妈：迭件是汗背心呀，睏觉辰光穿格，穿到外头老刮三格。

儿　子：格末俉预备换啥穿呢?

爸　爸：俉覅看阿爸老了，但是交关时尚哦。锻炼就要穿锻炼格衣裳。阿爸里向套一件圆领衫，外头罩一件茄克衫，下头着条灯笼裤，再穿双运动鞋，迭套行头，跑起步来没闲话了。

儿　子：嗯，看来阿爸是蛮会搭配格。

妈　妈：所以讲啊，做啥事体就要穿啥格衣裳。如果俉锻炼格辰光勿穿勒宽松眼，为了卖相好，跑步格辰光去穿套洋装，乃末喇叭腔了。

儿　子：对对对，姆妈讲得真有道理。

爸　爸：好了，辰光差勿多了，阿拉准备差路了。

生词短语

衣裳　　汗背心　　时尚　　圆领衫　　茄克衫　　灯笼裤　　运动鞋　　洋装

课文注解

1. 小鬼头：小家伙，小孩子的一种别称。
2. 勒陌生头：突然，一下子，表示出乎意料。
3. 闹猛：热闹。
4. 行情行市：人山人海。
5. 刮三：难堪，唐突，特别（带贬义）。
6. 行头：衣着打扮、搭配。
7. 没闲话：没有话说，文中表示对事物的高度肯定。
8. 卖相好：漂亮。
9. 洋装：西装。
10. 喇叭腔：出纰漏，出洋相。
11. 差路：出发。

语法要点

一、"洋"缀词

　　1843 年 11 月 17 日，上海正式开埠，瞬间成了五方杂处、华洋共居的移民城市。舶来品也纷纷进入市民格生活中。旧时称西方为西洋，故有许多名词冠以"洋"前缀，成为一种特定历史时期格语言现象。

　　洋装——西服
　　洋房——西式房子，非中国式传统建筑
　　洋囡囡 ——布娃娃，洋娃娃
　　洋铁碗—— 搪瓷碗，又称"洋铁饭碗"
　　洋钉——钉子
　　洋风炉——煤油炉
　　洋伞—— 布伞，又作"阳伞"
　　洋泡泡—— 汽球
　　洋山芋——土豆
　　洋葱头 ——洋葱

二、带"三"格词语

上海闲话格词语当中有交关是带有数字格,光是带"三"格词语就勿少,不过大多数带"三"格词语侪带有贬义。

刮三——难堪,唐突,特别(带贬义)

三夹板——原指一种装潢用板,上海闲话格意思是指夹勒中间受气格人

三脚猫——指看似精通,实际浪却勿是非常精通某事格人

三只手——指小偷

小三子——指专门帮人家跑腿格小人物

老三老四——指一个人卖老,冒充老成格样子

三勿罢四勿休——勿罢休

勿二勿三——流气,勿正派

巩固练习

请同学们聊一聊自家格穿着,勤相互攀比噢

小明,侬顶鸭舌头帽子啥地方买格?老好看格,搭侬迭身衣裳交关配。

昨日去七浦路买格。小美,侬迭条连衫裙也勿错,漂亮又大方。

演播室

请同学们用上海闲话演绎选段对话

汇 报 演 出

爸　爸：今朝倷学堂里格汇报演出交关要紧，倷要搭我魂灵生进啊。

儿　子：倷放心，阿爸，我照排头勿会掏浆糊。

爸　爸：着（音：扎）啥格行头心里有底了哦？

儿　子：我预备里向穿格子衬衫，戴一根花边领带，下头套一条背带裤，外
　　　　头再穿一件藏青颜色格西装。

爸　爸：倷迭种穿法洋勿洋腔勿腔，到底算小开呢还是算大亨啊？

儿　子：阿拉今朝是演老上海格戏呀，所以要打扮得老派一眼格。

爸　爸：倷有眼吓人倒怪，索加头颈浪再套一只假领头，骷郎头戴顶小滴子
　　　　帽子，脚浪再穿双夹脚拖鞋好咪。

儿　子：迭能好像有眼异样刮得了。

爸　爸：倷也晓得格哦？倷是演话剧，勿是活狲出把戏。

儿　子：阿爸，格末到底穿啥衣裳好呢？

爸　爸：既然是迭个时代格知识青年，穿着打扮就应该像迭个辰光格样子，
　　　　我建议倷啊，就着一件长衫，再加一根围（音：于）巾。

儿　子：对格，迭能就比较真实了。

注解：

1. 魂灵生进：指脑子里牢牢记住某件事，思想集中。

2. 照排头：保证，肯定。

3. 掏浆糊：和稀泥，蒙混。

4. 行头：服装。

5. 小开：指老板的孩子，富家子弟。

6. 大亨：大老板，头面人物。

7. 老派：指怀旧。

8. 吓人倒怪：指让人觉得奇怪、害怕。

9. 索加：干脆。

10. 骷郎头：脑袋。

11. 异样刮得：怪模怪样。

12. 活狲：猴子。

童 谣

摇 啊 摇

摇啊摇，摇到外婆桥，

外婆叫我好宝宝。

糖一包，果一包，　　　　　　　　一，入声字。

外婆买条鱼来烧。

头勿熟，尾巴焦，　　　　　　　　勿、熟，入声字。尾，音：尼。焦，尖音字。

盛勒碗里吱吱叫，　　　　　　　　勒，入声字。

吃拉肚里豁虎跳。　　　　　　　　豁，入声字。

跳啊跳，一跳跳到卖鱼桥，

宝宝乐得哈哈笑。　　　　　　　　乐，入声字，笑，尖音字。

注解：

豁虎跳：一种类似虎跳的动作，犹似侧手翻，常形容欢跃。此处夸张地形容
　　　　鱼吃下肚后没死，在活蹦乱跳。

第十八课 购买鞋子

上海闲话

购 买 鞋 子

爸　爸：中百一店到了，侬想买啥物事啊？

儿　子：阿爸，我想拣（音：改）双鞋子。

爸　爸：哦，格末是想买啥格样子？派啥格用场格？

儿　子：阿拉马上要开运动会了，我报名参加了长跑比赛。

爸　爸：营业员同志，请侬帮阿拉介绍介绍跑鞋。

营业员：哦，我有数了。侬看看叫迭双跑鞋哪能？

爸　爸：伲子，侬先试试看，看看合适哦？

儿　子：嗯。

爸　爸：伲子，试了哪能啦？

儿　子：阿爸，鞋子蛮舒意格，就是颜色勿灵，我欢喜我脚浪迭双格颜色。

营业员：哦，就是迭双套鞋格宝蓝颜色啊？

儿　子：是格，是格。

营业员：好，我马上帮侬去拿一样大小格鞋子。

爸　爸：伲子，侬还想买啥格鞋子，自家看哦，侬上课去可以隔花穿穿。

儿　子：勿搭界格呀，我勿穿跑鞋格辰光好穿迭双套鞋格呀。

爸　爸：套鞋落雨辰光穿穿就算了，侬勿可能太阳辣豁豁辰光也穿套鞋啊，
　　　　人家还当侬勒拉做套鞋广告哚。

儿　子：迭倒是格，个么迭搭还有啥鞋子啊？

爸　爸：营业员同志啊，侬再帮阿拉介绍介绍其他格鞋子好哦？

营业员：好格，迭搭格鞋子一百样侪有格，侬蹲勒屋里向穿，有各种拖鞋。
　　　　到学堂里去，好穿松紧鞋。天热辰光好穿风凉皮鞋，天冷辰光好穿
　　　　保暖鞋等等。

儿　子：介许多啊！阿爸，要末阿拉就先买格双跑鞋，让我穿一枪，其他鞋子
　　　　下趟再来买。

爸　爸：好格，营业员同志，谢谢侬帮阿拉拣迭双鞋子包起来。

生词短语

鞋子　　跑鞋　　套鞋　　拖鞋　　松紧鞋　　风凉皮鞋　　保暖鞋

课文注解

1. 中百一店：指上海著名的百货商店市百一店。
2. 拣：挑选。
3. 用场：用处。
4. 有数：心里清楚。
5. 看看叫：看一下。
6. 隔花：表示间隔、轮换。
7. 勿搭界：没有关系。
8. 辣豁豁：形容阳光厉害，疼痛难忍；火辣辣的感觉。
9. 一百样侪有：形容东西齐全。

语法要点

一、"好白相"格鞋子

　　老 K 皮鞋——笨重破旧格皮鞋
　　糖果鞋——色彩鲜艳，时尚可爱，像糖果一般格鞋子
　　松糕鞋——底是 8~10 毫米厚，像松糕格厚底鞋
　　榔头鞋——鞋头大而方格皮鞋
　　礼拜鞋——指穿了一个星期就要坏格鞋子

二、AA 叫

上海闲话当中有些"AA 叫"格词语。譬如：

看看叫——看一看

笃笃叫——放心地、安稳地

偷偷叫——暗地里

好好叫——好好地

慢慢叫——慢慢地

轻轻叫——轻轻地

巩固练习

请侬选出发音勿同格一个选项

（　　）1. 选出下列词语中"人"字发音勿同格词。

　　A. 人民　　　　B. 人家　　　C. 好人　　　　D. 小人

（　　）2. 选出下列词语中"家"字发音勿同格词。

　　A. 人家　　　　B. 家庭　　　C. 家教　　　　D. 家访

（　　）3. 选出下列词语中"学"字发音勿同格词。

　　A. 学生　　　　B. 学堂　　　C. 化学　　　　D. 学习

（　　）4. 选出下列词语中"合"字发音勿同格词。

　　A. 场合　　　　B. 合算　　　C. 合并　　　　D. 合唱

（　　）5. 选出下列词语中"大"字发音勿同格词。

　　A. 大世界　　　B. 大饼　　　C. 大年夜　　　D. 大学

外国寓言

北 风 和 太 阳

　　风搭太阳为了证明到底啥人能量大而争论不休。伊拉决定比一比：啥人能够使得行人脱脱衣裳，就算啥人胜利。北风一开始就猛烈格刮了起来，路浪格行人紧紧裹牢自家格衣裳。风看到迭种情况，刮得更加结棍。行人冷得发抖，添加了更多格衣裳。风刮得疲倦了，就让位拨勒太阳来比赛了。太阳一开始，先拿温和格阳光洒向行人，行人脱脱了添加格衣裳。接下来，太阳又拿强烈格阳光照射大地，行人开始汗流浃背，慢慢叫忍受勿了，最后竟然脱光了衣裳，跳到了旁边格河浜里汰浴去了。

太阳格方法有道理：劝说往往比强迫更为有效。

唐 诗

凉 州 词

（唐）王之涣

黄河远上白云间，   白，入声字。

一片孤城万仞山。   一，入声字。

羌笛何须怨杨柳，   笛，入声字。

春风不度玉门关。   不、玉，入声字。

第十九课　服装和年龄

上海闲话

挑 选 礼 物

儿　子：阿爸，过两天就是老爹格生日了。

爸　爸：对格，老爹生日，侬想过要帮伊买眼啥物事哦？

儿　子：嗯，我老早想过了，我想用压岁钿买顶鸭舌头帽子送拨老爹。

爸　爸：侬买迭种帽子有啥格意思哦？

儿　子：老爹伊头发少呀，戴顶帽子天冷好暖热眼。

爸　爸：格还是送一顶罗宋帽好。

儿　子：罗宋帽？是勿是吃罗宋汤格辰光戴格帽子啊？

爸　爸：七嘴八搭！照侬迭能讲，喇叭裤就是吹喇叭格辰光穿格裤子啰？

儿　子：哦，格末罗宋帽到底是啥样子啊？

爸　爸：罗宋帽是从俄罗斯传到阿拉国家格，是一种冷天戴格帽子，"罗宋"两格字眼就是英文"俄罗斯"格中文音译。

儿　子：哦……Russia 罗宋，原来是格格意思啊。

爸　爸：侬假使想让老爹腔势足一眼，再搭伊配一根斯迪克，再派克大衣一着，勍忒扎台型哦。

儿　子：是格是格，迭能打扮好，就像肯德基老伯伯一样格，靛了勿得了。

生词短语

鸭舌头帽子　　罗宋帽　　喇叭裤　　斯迪克　　派克大衣

课文注解

1. 压岁钿：压岁钱。
2. 暖热：指暖和、温暖。
3. 七嘴八搭：胡说八道。
4. 腔势：气势。
5. 斯迪克：英语 Stick 谐音，手杖。
6. 派克大衣：有帽子的大衣。

语法要点

一、外来词

上海作为一个国际大都市，勒近现代，吸收了大量格外来词（即音译词）。

沙发——sofa	咖啡——coffee	迷你——mini
马赛克——mosaic	麦克风——microphone	高尔夫——golf
牛轧糖——nougat	罗宋汤——Russian	老虎窗——roof

二、帽子格种类

草帽——用稻、麦等秆料编织而成格，一般做成防晒格帽子

太阳帽——夏天用以遮挡太阳格帽子

瓜皮帽——形状像西瓜皮样子格帽子

八角帽——有帽舌，帽顶有八个褶

橄榄帽——一种锥形格帽子

巩固练习

单项选择题，请选择最恰当格答案

（　　）1. 小明，今朝天气预报讲下半天要落雨，侬出去前头要带好 ＿＿＿＿。

　　　　A. 口罩　　　　B. 袖笼套　　　　C. 阳伞　　　　D. 茄克衫

（　　）2. 今朝外头风老大格，我要多穿眼衣裳，顺带便再戴一条 ＿＿＿。

    A. 围巾　　　　B. 连衫裙　　　C. 汗衫　　　　D. 鸭绒衣

（　　）3. 侬今朝穿出来格迭件 ＿＿＿ 老好看格，勿晓得是啥地方买格？

    A. 茄克衫　　　B. 连衫裙　　　C. 喇叭裤　　　D. 玻璃丝袜

（　　）4. 同学们，为了安全，上体育课跑步一定要穿 ＿＿＿。

    A. 尖头皮鞋　　B. 拖鞋　　　　C. 跑鞋　　　　D. 套鞋

（　　）5. 姆妈，今朝天气老热格，阿拉出去旅游最好侪戴顶 ＿＿＿。

    A. 罗宋帽　　　B. 铜盆帽　　　C. 绒线帽　　　D. 太阳帽

演播室

请同学们用上海闲话演绎迭段对话

趣 说 童 年

爸　爸：侬迭件睏衣干了，好放到五斗橱里去了。

儿　子：阿爸，格件睏衣现在小了，穿勒身浪向有眼吊八筋。

爸　爸：侬现在是长（音：涨）发头，衣裳侪勿合身了。

儿　子：是格，小辰光交关衣裳侪穿勿落了。

爸　爸：讲到小辰光，阿拉也蛮扎劲格。

儿　子：哪能一桩事体啊，侬倒讲眼拨我听听看呀。

爸　爸：阿拉嗳格辰光住勒石库门里，穿格布衫、开裆裤，勒拉弄堂里跑来
　　　　跑去。

儿　子：老开心格。

爸　爸：胸口头还别勒一块绢头，汏（音：它）鼻涕格辰光，用来揩鼻涕格。

儿　子：啊，别针别勒胸口头勣痛死格。

爸　爸：勿是别勒肉浪格，是别勒上衣格胸口头。

注解：

1. 睏衣：睡衣。

2. 五斗橱：有五个抽屉的橱柜，泛指衣橱。

3. 吊八筋：形容衣服小，裹在身上。

4. 长发头：小孩长身体、发育。

5. 穿勿落：（衣服）穿不下。

6. 扎劲：有趣，有意思。

7. 别：系着。

8. 绢头：手绢。

9. 汰：流下来。

童 谣

一 只 狗

一只狗，　　　　一，入声字。

两只头，

三铆买来格，

四川带来格，

五颜六色格，　　六、色，入声字。

七嘴八搭格，　　七、八、搭，入声字。七，尖音字。

究竟哪能格，　　究，谐音九。

实在呒没格！　　实、没，入声字。

第二十课　弄脏衣服

上海闲话

衣服弄脏了

学　生：哦哟，迭记苦了，墨水又弄到袖子管浪了。

老　师：侬回到屋里豪稍去搽（音：塔）眼皮皂汏脱。

学　生：老师，我墨水老是会弄到身浪向，有啥好格办法让衣裳勿龌龊哦？

老　师：老底子格辰光，阿拉勿管做啥事体，侪欢喜戴一副袖笼套格。

学　生：对格对格，我电影里向看到过格，账房先生一直戴勒嗨格。

老　师：是格呀，伊格辰光，勿管是着茄克衫，还是着西装，侪要拿袖笼套戴好，迭能介做生活格辰光，袖子管就碰勿到龌龊了。

学　生：对，我下趟也要去买一副袖笼套，做作业辰光戴，上厕所辰光戴，跟阿拉姆妈出去走亲眷格辰光也戴勒嗨。格样子袖子管就好一直保持清爽了。

老　师：袖笼套是专门拨侬做事体辰光戴格呀，侬上厕所辰光也戴，人家还当侬去扫厕所咪。也没格呀，出客辰光也戴副袖笼套，侬当戴格是副金镯头啊？

学　生：我是想让衣裳清爽眼呀！

老　师：要想衣裳清爽，就要常庄调，自家汏勒勤一眼，平常做事体格辰光么豁势小一眼。侬迭趟是溅到墨水，戴副袖笼套还好挡挡（音：汤），假使下趟侬拿一铅桶油漆弄到身浪，戴十副袖笼套也是划（音：涡）空格，勿单单是袖子管要弄龌龊，连侬下头一条灯芯绒裤子也要触霉头咪。

生词短语

袖子管　　皮皂　　醍醐　　金镯头

课文注解

1. 苦：倒霉。
2. 袖子管：衣服的袖子。
3. 豪稍：赶快、赶紧。
4. 皮皂：肥皂、香皂。
5. 醍醐：肮脏。
6. 袖笼套：袖套。
7. 账房先生：旧时财会人员的别称。
8. 出客：外出作客，出门。
9. 金镯头：黄金手镯。
10. 常庄：经常。
11. 勤：勤快。
12. 豁势：动作幅度。
13. 划空：无济于事，形容做一件事情付出许多努力后，结果仍旧一场空。
14. 触霉头：倒霉。

语法要点

一、"勒嗨"格意思

　　1. "在里面"格意思。比方："迭只小菜里放点糖勒嗨。"
　　2. "在那儿"格意思。比方："账房先生一直戴勒嗨格。"

二、"头"后缀

　　上海闲话当中有一个字后缀经常用到，迭个就是"头"。

触霉头——倒霉

出花头——想出新花招

出风头——有光彩，很神气；或者是炫耀自己

过瘾（音：尼）头——过瘾

发调头——发指示，发命令

别苗头——比高低

巩固练习

看词造句，根据提供格词语，用上海闲话造句

1. 豁势、常庄、出风头、勒嗨

2. 豪稍、皮皂、苦（倒霉）、颜料

3. 龌龊、触霉头、衣裳

外国寓言

篱笆与葡萄园

一个愚蠢格年轻人继承了父亲格家业。伊砍脱了葡萄园四周所有格篱笆，因为篱笆勿能结葡萄。篱笆砍脱以后，人搭野兽侪能随意进入葡萄园。

没过几化日脚，所有格葡萄树侪拔毁坏了。噯个愚蠢格家伙看到迭种情景，才恍然大悟：虽然篱笆结勿出一颗葡萄，但伊拉能保护葡萄园，伊搭葡萄树一样重要。

是呀，红花虽好，还要绿叶扶持。

唐 诗

关 山 月

（唐）李 白

明月出天山，　　月、出，入声字。

苍茫云海间。

长风几万里，

吹度玉门关。　　玉，入声字。

第六单元　饮　食　篇

单元导引

　　谈到饮食，我们先了解一下饮食的由来。甲骨文中的"饮"（畲欠），右边是人形，左上边是人伸着舌头，左下边是酒坛（酉）——像舌头伸向酒坛饮酒。

　　饮食也可以说是一种文化，中华美食誉满天下，外国人爱吃中国菜也是不争的事实。中国的饮食文化源远流长，几千年来，人们经过不断地总结，已形成了中华美食的八大菜系，即鲁菜、川菜、粤菜、闽菜、苏菜、浙菜、湘菜、徽菜。

　　我们上海方言中把饮食称为"吃"，而上海话中"吃"的概念，要比普通话"吃"的含义宽泛，往往把"喝"也一律称作"吃"，如喝茶、喝酒、喝牛奶等，均称为吃茶、吃酒、吃牛奶等。上海方言中的"吃饭"，除了广义的进食外，更多地是指吃米饭，以区别于吃面食。稀饭在上海称为粥，喝稀饭就称为吃粥。

　　菜肴在上海方言中被称作"小菜"，因此，菜市场也称作"小菜场"。上海人见面还往往会问："今朝吃啥小菜？"与做饭相联系的灶，上海人称作"灶头"。锅子则称作"镬子"，如铁锅即称作"铁镬子"，钢精锅称作"钢盅镬子"。

第二十一课　上海小吃

上海闲话

兜 兜 荡 荡

儿　子：阿爸，侬上趟讲过，要带我出去白相格，我还想提个要求，顶好一边吃一边白相。

爸　爸：侬花样经蛮透格，迭能哦，带侬到云南路小吃街去兜兜白相相，让侬饱饱口福。

儿　子：好格。阿爸，我晓得格，伊面是一条美食街，有排骨年糕、小笼馒头、锅贴、桂花酒酿园子、葱油拌面、油墩子、茶叶蛋……我侪要吃。

爸　爸：侬倒是天吃星。

儿　子：阿爸，搭姆妈带眼伊最欢喜格小绍兴白斩鸡回来。

爸　爸：侬花头蛮多。

儿　子：我是为侬考虑。

爸　爸：好！我决定陪侬去兜一圈，买一样侬最欢喜吃、最有营养格——豆腐花。

儿　子：阿爸，侬是老刮皮。

生词短语

| 小吃街 | 美食街 | 排骨年糕 | 小笼馒头 | 锅贴 | 桂花酒酿圆子 |
| 葱油拌面 | 油墩子 | 茶叶蛋 | 白斩鸡 | 豆腐花 | |

课文注解

1. 花样经：事物的种类；各种主意和办法。
2. 透：透彻，充分，多。
3. 天吃星：非常会吃的人。
4. 花头：主意，花招。
5. 老刮皮：指很小气，吝啬。

语法要点

一、上海小吃当中格"糕、饼、团、包"

　　上海小吃当中有勿少老有特色格"糕、饼、团、包"，集中了全国各地格名牌佳肴，又汇合了西洋、东洋格各种名餐。糕，有海棠糕、条头糕、松子糕、赤豆糕、松糕、定胜糕、粢饭糕、鸡蛋糕……饼，有葱油饼、芝麻饼、大饼、羌饼、酥油饼、老婆月饼……团，有汤团、青团、双酿团、糯米团……包，有豆沙包、梅干菜包、叉烧包、奶油面包、椰丝面包……北方人拿有馅子格称为包子，没馅子格叫馒头。上海人则侪叫馒头，比方肉馒头、小笼馒头、刀切馒头（也有例外：花卷、金丝卷、银丝卷）等。

二、带"刮"格词语

　　上海闲话当中带"刮"格词语还真勿少，比方：

　　老刮皮——指很小气，吝啬

　　石刮铁硬——表示东西非常坚硬

　　赤刮勒新——表示东西是崭新格

　　淡洁刮勒——说明吃格东西淡而无味

　　寿头刮气——是讲一个人傻里傻气，不灵活

　　的的刮刮——是指完完全全，的的确确

巩固练习

游戏"上海小吃接龙"

游戏规则：上海小吃有得交交关关，比一比啥人晓得最多。全班以开小火车格方式，从第一个同学开始，依次序每人讲一样上海小吃。重复或反应慢格被淘汰，坚持到最后格一个获胜。

中国寓言

愚 公 移 山

老底子，有个年近九十格老头子，平常辰光勿欢喜多讲闲话，总是闷着头做自家格事体，因此大家叫伊愚公。愚公生活格地方老闭塞格，因为太行搭王屋两座大山隔断了交通，搭伊拉带来了交关格勿方便。

有一日，愚公产生了一个想法，伊想拿迭两座大山挖平，方便乡亲们出行。伊拿屋里一家门统统召集勒一道，讲："我想搭大家一道挖平两座大山，㑚愿意哦？"

一家门侪勿反对，只有伊格老婆提出疑问，讲："拿挖下来格土石放到啥地方去呢？"愚公讲："拿伊拉掼到渤海格边浪。"

于是愚公带领着三个儿孙，挑着担子开始了伊拉格计划。伊拉敲凿石头，挖掘泥土，用畚（音：奔）箕朝渤海格边浪运过去。

愚公隔壁住格寡妇有个孤儿，刚刚七岁，也跳跳蹦蹦格来帮伊拉运土石。

因为距离渤海老老远，伊拉要几个月才好来回一趟。

同村有个头脑精明格老头子，大家侪叫伊智叟。智叟看见愚公迭能卖力，勿禁嘲笑讲："侬忒愚蠢了。侪是快要进棺材格人了，何必浪费力气去挖山石呢？"

愚公讲："侬思想忒顽固，连孤儿寡妇都勿如。侬要晓得，即使我死脱了，我还有倪子勒拉呀，倪子生孙子，孙子又生倪子，一代代延续下去，是无穷无尽格。而山却一日一日变小，还怕挖勿平啊？"

智叟听了呒没闲话讲了。

上天拨勒愚公格诚心搭毅力感动了，伊派了两个巨人背走了太行搭王屋两座大山，愚公梦想成真了！

愚公面对困难毫勿退缩，坚持不懈格精神启发我伲：无论多少困难格事体，只要有恒心、有毅力，就有可能成功！

唐 诗

悯　农

（唐）李 绅

锄禾日当午，　　日，入声字。

汗滴禾下土。　　滴，入声字。

谁知盘中餐，　　餐，音：猜。

粒粒皆辛苦。　　粒，入声字。辛，尖音字。

第二十二课　各地名菜

吃 啥 物 事

小　美：小明，阿拉上海迭座国际大都市，各地方格人侪有格，侬假使讲得
　　　　出各地方格名菜，我就**服帖**侬。

小　明：哦，侬也想**掂我斤两**！侬问好了。

小　美：北京？

小　明：北京菜有北京烤鸭、涮羊肉。

小　美：宁波（菜）呢？

小　明：黄泥螺、炝蟹。

小　美：杭州（菜）？

小　明：东坡肉、西湖醋鱼、龙井虾仁。

小　美：广东呢？

小　明：蚝油牛肉、叉烧。

小　美：四川（菜）？

小　明：夫妻肺片、麻婆豆腐。

小　美：苏州？

小　明：松鼠鳜鱼、黄泥煨鸡。

小　美：新疆？

小　明：……羊肉串。

小　美：德国？

小　明：汉堡包。

小　美：日本？

小　明：刺身、寿司。

小　美：意大利呢？

小　　明：披萨。

小　　美：迭个我晓得，就是外国大饼。还有非洲呢？

小　　明：非洲人……非洲人吃……

小　　美：讲勿出了哦？

小　　明：侬花头蛮透，侬讲呢？

小　　美：吃面包。

小　　明：外国人几乎侪吃面包格，侬有讲吭讲等于勿讲。

生词短语

北京烤鸭　　　涮羊肉　　　黄泥螺　　　炝蟹　　　东坡肉　　　西湖醋鱼

龙井虾仁　　　蚝油牛肉　　　夫妻肺片　　　麻婆豆腐　　　松鼠鳜鱼

黄泥煨鸡　　　羊肉串　　　汉堡包　　　刺身　　　寿司　　　披萨

课文注解

1. 服帖：佩服，很服气。

2. 掂我斤两：掂重量，比喻考虑事情的轻重得失或估量我的能力。

3. 花头蛮透：花样真多。

4. 有讲吭讲：讲了很多无关的话。

语法要点

一、"ABB"形容味道

香喷喷　　甜滋滋　　臭哄哄　　咸嗒嗒　　酸叽叽

辣豁豁　　甜咪咪　　苦兮兮　　辣蓬蓬

二、"大"格发音

"大人"与"大都市"，大家想想看迭两个词语当中格"大"哪能读？

"大人"格"大"发音是"度"；"大都市"格"大"发音同汏。伊拉读音格勿同是因为"文读"搭"白读"格勿同而造成格。一般"文读"像大家、大方、大世界、大学、大家庭、大观园、大减价、大放盘……"白读"像大伯伯、大老倌、大好佬、大派头、大手笔、大肚皮、大年夜……

　　至于"大饼"勿是书面语，但是读（da），是因为伊是其他方言带来格语音。"大饼"原来是山东特产，山东人来上海叫卖格辰光，人家问摊主："迭个是啥物事？"山东人回答讲是"大（dà）饼"，因此上海人就学伊拉格语音，拿本应该白读格"大（du）饼"，读成了"大（da）饼"了，约定俗成。

巩固练习

请用上海闲话介绍侬家乡格一道名菜

小明，侬是啥地方人？
俪老家有点啥格名菜？

我是安徽人，阿拉老家格名菜有得交交关关，比方讲石耳炖鸡，汤鲜味醇。石耳清香，鸡肉酥烂滋润，味道好得勿得了。

演播室

请同学们用上海闲话为迭段故事配音

鱼 圆 粗 面

麦　兜：麻烦侬，我要鱼圆粗面。

校　长：呒没粗面。

麦　兜：是哦，来碗鱼圆河粉哦。

校　长：呒没鱼圆。

麦　　兜：是哦，要牛肚粗面哦。

校　　长：呒没粗面。

麦　　兜：哦，格末要鱼圆油面哦。

校　　长：呒没鱼圆。

麦　　兜：哪能啥格也呒没格？格末要墨鱼圆粗面。

校　　长：呒没粗面。

麦　　兜：又卖完了。麻烦侬来碗鱼圆米线。

校　　长：呒没鱼圆。

得巴（小猫）：麦兜啊，伊拉格鱼圆搭粗面卖光了，就是所有搭鱼圆、粗面搭配格侪没了。

麦　　兜：哦，嗳点搭配嚡侪呒没了。格麻烦侬，我只要鱼圆哦。

校　　长：呒没鱼圆。

麦　　兜：格末粗面呢？

校　　长：呒没粗面……

童谣

十　二　子

正月里来踢毽子，	月、踢，入声字。
二月里来放鹞子，	
三月里向荠菜子，	荠，尖音字。
四月里向落花子，	落，入声字。
五月端午裹粽子，	午，音：五。
六月里向拍蚊子，	六、拍，入声字。
七月棉花结铃子，	七，尖音字、入声字。结，入声字。
八月里向吐瓜子，	八，入声字。
九月里收葵花子，	
十月里向造房子，	十，入声字。
十一月里吃栗子，	吃、栗，入声字。
十二月里养个胖伲子。	

注解：

1. 鹞子：风筝。

2. 落：种，下种。

3. 裹：包的意思，"裹粽子"即包粽子。

第二十三课　节令文化

上海闲话

节令小食

儿　子：阿爸，年初一早浪起来为啥要吃两只"水潽蛋"？

爸　爸：迭个是上海人老底子格习惯，两只"水潽蛋"加点红糖，表示甜甜蜜蜜，团团圆圆。交关人家还要吃年糕，是为仔讨口彩："一年四季节节高、年年高。"

儿　子：哦……格末到元宵节吃啥有讲究哦？

爸　爸：元宵节也有讲究格，要吃馄饨搭圆子。

儿　子：圆子有多少品种？

爸　爸：圆子品种蛮多格，有豆沙、芝麻、荠菜圆子，随侬挑。

儿　子：上海人到仔清明，要吃青团格。

爸　爸：对呀！拿青汁搭仔面粉调勒一道，再包眼豆沙、枣泥馅子，用芦叶垫了下头，放勒蒸笼里蒸熟，出笼格青团颜色碧碧绿，味道喷喷香，吪没闲话讲了！

儿　子：到立夏吃啥呢？

爸　爸：吃咸蛋啊。

儿　子：端午节……哦，勿讲了——吃粽子。

爸　爸：中秋节？

儿　子：吃月饼。

爸　爸：重阳节？

儿　子：重阳糕。

爸　爸：大年夜？

儿　子：年夜饭啊。

爸　爸：年夜饭哪能吃法有讲究格，侬晓得哦？

儿　子：哪能吃末……嘴巴张开来吃就是了！

爸　爸：我是讲吃格菜俦有名堂格，比方讲，黄豆芽叫做"如意菜"，百叶包叫"如意卷"，线粉叫"银条"……

儿　子：喔，迭些名堂我倒是勿晓得。

爸　爸："吃"也是一种文化。

生词短语

水潽蛋　　年糕　　馄饨　　圆子　　青团　　咸蛋　　粽子
月饼　　重阳糕　　年夜饭　　黄豆芽　　百叶包　　线粉

课文注解

1. 水潽蛋：将鸡蛋敲开放入煮开的水中烧熟。
2. 老底子：从前，以前。
3. 馅子：馅儿，面食点心里包的糖、豆沙、肉糜、菜等。
4. 碧碧绿：指很绿。
5. 喷喷香：指很香。
6. 名堂：道理，内容，也作讲究意思。

语法要点

一、讨口彩

　　吃年糕——象征"一年四季节节高、年年高"

　　吃全鱼——就是"年年有余"

　　吃圆子——象征"团团圆圆"

　　称蜘蛛——蟢蛛，有蜘蛛顺丝吊下，就说"喜从天降"

　　称帆船——篷船，画一个帆船，象征"鹏程万里"

　　拿"福"字倒贴——寓意"福到"

二、节令

节令、节气、时令，指某个节气格气候搭物候。勒拉各地方会拿一部分格节令当作节日来过，也会因为民族差异，拿不同格节令当作节日来过。

侬晓得每个月相对应格节令是啥哦？

正月——立春
二月——惊蛰
三月——清明
四月——立夏
五月——芒种
六月——小暑
七月——立秋
八月——白露
九月——寒露
十月——立冬
十一月——大雪
十二月——小寒

巩固练习

根据提供格词语，用上海闲话编一个故事

1. 月饼、中秋、夜里向、一家门、团团圆圆
2. 老清老早、拎、小菜场、鸡、鸭、梭子蟹、虾仁、乌贼鱼
3. 香烟屁股、装胡羊、勿承认、中浪、马路、志愿者

中国寓言

两小儿辩日

有一趟，孔子到东方一个地方游历，半路浪看见两个小囝勿知为仔啥格事体勒拉争（文读，音：真）论，争（白读，音：张）得面红耳赤。孔子走过去问伊拉为仔啥事体而争辩。

第一个小囝讲："先生，侬来得正好，侬搭阿拉评评道理。我认为太阳刚刚出来格辰光离阿拉近，到中浪向离阿拉就远了。"

第二个小团讲："我认为太阳刚升起来格辰光离阿拉远，到中浪向才离阿拉近。"

第一个小团反驳讲："太阳刚刚出来格辰光像车子格篷盖伊能大，可是到了中浪就只有轮盘伊能大了。大家侪晓得：离阿拉远格物事看起来小，离阿拉近格物事看起来大。迭个道理勿正是证明我讲格太阳早浪离阿拉近吗？"

第二个小团也有老好格理由，伊讲："太阳刚升起格辰光，人格感觉还是凉飕飕格；而到了中浪向，人就觉着暖融融了。大家侪晓得：感到阴格物体离我伲远，感到热格物体离我伲近。迭个道理勿正是证明我讲格太阳中浪离阿拉近吗？"

两个小团请孔子评判伊拉啥人讲得对，可是迭记孔子也拨难牢了。

两个小团笑起来了，讲："侪讲侬知识渊博、无所不知，想勿到侬居然也有勿懂格地方啊！"

嗳，人生有限，知识无涯，即使是博学（文读，音：侠）多闻格孔子也会有所不知。

唐 诗

静 夜 思

（唐）李 白

床前明月光，　　　前，尖音字。月，入声字。
疑是地上霜。
举头望明月，　　　望，文读，音：王。
低头思故乡。

第二十四课 食品安全

购买食品

妈　妈：伲子，超市到了，侬想买眼啥，自己去挑。

儿　子：姆妈，今朝 shopping mall 搞促销，阿拉要多买眼。

妈　妈：啥……现在买"小猫"也搞促销啊？

儿　子：是呀，"小猫"勒搞促……喔唷姆妈，侬勿搞好哦！我讲格 shopping mall 是英文，意思是大型商场，啥地方弄出"小猫"来了啦。

妈　妈：哦，我懂了。不过侬勿贪便宜，买仔交关吃勿脱，要浪费格。

儿　子：我晓得了，姆妈，侬等勒迭搭，我一枪头侪拿来。

妈　妈：乖囡，跑了慢眼，当心滑跤。

儿　子：姆妈，我回来了。

妈　妈：伲子，叫侬少拿眼，侬拿了行情行市格物事！

儿　子：姆妈，勤忒便宜哦，侪是阿拉屋里向要用格。

妈　妈：让我看看。伲子，迭个一包一包格啥物事？买介许多忒浪费唻。

儿　子：迭个是我要吃格零食呀，趁便宜我就多买眼，有啥浪费啦！

妈　妈：小囡到底是小囡，趁便宜多买眼是没错，但是侬看看，迭眼物事格保质期马上侪要到了，侬买回去又勿可能一记头侪吃光，过了保质期就勿好吃了，迭能勿是浪费是啥？

儿　子：哦，对格，格末我拿多拿格放转去。

妈　妈：对，下趟买物事先要看看生产日脚搭保质期。

生词短语

食品安全　　超市　　促销　　浪费　　零食　　保质期　　生产日脚

课文注解

1. 一枪头：一次性，一下子。
2. 忒便宜：非常便宜。
3. 一记头：一下子。
4. 放转去：放回去。

语法要点

一、表示"和"格词

    1. 脱（仔）

    2. 搭（仔）

二、上海闲话"吃"格意思

    "吃"在上海闲话里格意思比"用嘴进食"多得多。

    吃茶——喝茶

    吃香烟——吸烟

    吃食堂——去食堂吃

    吃进——收进、买进

    吃汤圆——得零分

    吃红灯——碰到红灯

    吃生活——此处"吃"为"打"或"被打"的意思

    吃排头——挨批评

    吃煞忒依了——我喜欢死你了；极钦佩你

巩固练习

考考侬格上海闲话发音

( ) 1. 选出下列词语中"味"字发音不同格词。
　　　A. 味道　　　B. 味之素　　　C. 意味　　　　D. 味觉

( ) 2. 选出下列词语中"闻"字发音不同格词。
　　　A. 新闻　　　B. 闻味道　　　C. 闻一多　　　D. 见闻

( ) 3. 选出下列词语中"肥"字发音不同格词。
　　　A. 肥料　　　B. 肥皂　　　　C. 肥胖　　　　D. 肥肉

( ) 4. 选出下列词语中"贵"字发音不同格词。
　　　A. 宝贵　　　B. 贵州　　　　C. 价钿贵　　　D. 贵宾

( ) 5. 选出下列词语中"问"字发音不同格词。
　　　A. 问路　　　B. 学问　　　　C. 问题　　　　D. 慰问

演播室

请同学们用上海闲话演绎选段对白

学　生：老师，听广播里向讲，上海要建立食品安全查询系统，保障食品卫
　　　　生，*乃*阿拉好吃到放心格肉咪！

老　师：是格，*勿光光*是放心肉，还好吃到放心菜。上海是国际大都市，每
　　　　天要消耗成千上百吨食材，还有*勿勿少少*外国朋友来白相，食品安
　　　　全顶顶重要！

学　生：对！一定要确保各类食品绝对安全，才能保证人格身体健康。

老　师：上海市政府做得好，食品安全人人有责，选个还关系到阿拉上海甚
　　　　至全国格声誉，勿好*混腔势*格。

学　生：是格。

注解：

1. 乃：这下。

2. 勿光光：不单单。

3. 勿勿少少：许多。

4. 混腔势：蒙混过关，混日子，这里指不认真对待。

童谣

一只小花狗

一只小花狗，	一、只，入声字。小，尖音字。
眼睛骨溜溜，	睛，尖音字。骨，入声字。
坐勒门口头，	勒，入声字。
想吃肉骨头。	想，尖音字。肉、骨，入声字。

第七单元 社 区 篇

单元导引

　　社区一词来源于拉丁语，意思是共同的东西和亲密伙伴的关系，而这个词在上海的广泛使用，是最近十来年，也就是21世纪开始的时候。上海人以前只有弄堂的概念——一幢幢的石库门，夹杂着小贩的叫卖声，亭子间阿姨与后楼阿婆一起收听无线电，电波中传来吴侬软语的沪剧、滑稽、苏州评弹……时过境迁，一幢幢高楼拔地而起，一个又一个新颖的住宅区重新组合着新的邻里。一声"栀子花、白兰花"渐行渐远，一壶老虎灶的早茶已进入历史博物馆，带给人们的是智能化的门禁系统以及地下车库无法承受之重。

　　环境虽然大有变化，乡俗丝毫没有改变。无论是老式弄堂还是国际社区，上海人在其日常生活中，对居住要素都有特定的称呼。譬如"厨房"，上海人仍习惯叫"灶披间"或者"灶间"，尽管灶头已经不复存在。又如"学校"，不管是贵族学校、私立学校、公立学校，还是希望工程学校，在上海人的口中一律称之为"学堂"，表明这是供莘莘学子学习的场所，其核心就是"谦虚好学、济济一堂"。

　　以前的夏日，每家每户习惯搬出躺椅，切开西瓜，摇着蒲扇"乘风凉"，能体验邻里间的氛围和人生乐趣。那时候，弄堂口总归有许多老人在"孵太阳"，还有一帮子"皮大王"在打弹子、刮香烟牌子。看看新社区，比照石库门，大家将会进一步了解上海、懂得上海。

第二十五课　弄　堂　记　忆

上海闲话

追 忆 弄 堂

儿　子：阿奶格老房子是勿是要拆了？

爸　爸：对格，就是迭枪格事体。

儿　子：人家侪讲老房子老有味道格。

爸　爸：迭当然啰，阿爸小辰光就勒拉弄堂里长大格。

儿　子：房子大哦？

爸　爸：阿拉住格石库门，分前客堂、后客堂，东、西两厢房、亭子间、灶披间、阁楼，还有晒台。

儿　子：分了介清爽啊？

爸　爸：嗳个辰光小人常庄勒拉一道打弹子、造房子，白相"官兵捉强盗"。

儿　子：倒蛮丰富格嘛。

爸　爸：嗳个辰光每家人家格条件侪是脚碰脚格，就拿吃水来讲，勿像现在有得矿泉水、纯净水、直饮水、蒸馏水……嗳个辰光统统一早到弄堂口格老虎灶去泡开水格。

儿　子：弄堂里哪能还有老虎格？

爸　爸：弄堂口有老虎，还得了啦？老虎灶是专门烧开水格地方，因为灶台格形状像一只老虎，所以叫老虎灶。

儿　子：哦，是迭个意思。

爸　爸：现在条件好了，所以老虎灶也看勿到了。

儿　子：我倒蛮想见识见识格。

爸　爸：下趟阿爸带侬到民俗博物馆去参观，伊面有模型格。

生词短语

弄堂　　石库门　　前客堂　　后客堂　　厢房　　亭子间
阁楼　　晒台　　老虎灶　　博物馆

课文注解

1. 迭枪：这段时间，近期。
2. 前客堂：会客用的客厅。住宅天井后面的一间客堂。
3. 后客堂：后客厅。
4. 厢房：正房前面两旁的房间。
5. 亭子间：旧式楼房后面小房间楼上的那间房间，窄小不明亮，楼下多为厨房。
6. 晒台：露天阳台。
7. 脚碰脚：差不多。
8. 统统：指全部。

语法要点

一、"二"格读法
"二"勒上海闲话中，有尼、两、尔三个读音。侬晓得分别哪能读哦?
　　1. 读尼，如："第二、二伯伯、十二、廿二……"
　　2. 读两，如："二万五千里，初二年级、二棵树……"
　　3. 读尔，是文读音，如："二郎腿、二流子……"

二、弄堂游戏
　　石库门格弄堂，是小囡们格天堂。弄堂游戏保持了本地格文化特点，富有生活情趣，有着浓浓格上海"味道"。弄堂游戏有打弹子、造房子、官兵捉强盗、刮香烟牌子、盘迓猫猫、斗鸡、挑绷绷、跳橡皮筋、抽贱骨头、滚铁圈……

巩固练习

迭首 1929 年发表勒上海《晶报》浪格打油诗《住房分租小唱》形象格描绘了一幢石库门房子里向群租拥挤格状况，请用上海闲话文读

一楼一底石库门，	一、石，入声字。
十户人家住里向，	十，入声字。
替他们想想怎么住？	想，尖音字。
列个表览在下方：	列，入声字。
楼上前房一户张，	前，尖音字。
楼上后房一户黄，	
楼下前房一户唐，	
楼下后房一户杨，	
厨房改造一户庄，	
梯半阁楼一户桑，	阁，入声字。
亭子间里一户郎，	
晒台改造一户孀。	

中国寓言

扛竹头进城

有一个鲁国人扛着一根长长格竹头进城去卖。当伊走到城门口格辰光，开始耽心事了，因为伊想勿出用啥个办法拿竹头扛进城里去。伊拿竹头竖起来进城门哦，竹头要比城门高出一段；拿竹头横过来进城门哦，竹头比城门又宽出一段。伊横过来、竖起来，依了半半六十天，弄得满头大汗，就是进勿了城门。

迭个辰光，有一个老老头经过城门。伊看见嗳个卖竹头格人愁眉苦脸格样子，就斜气自信格走过去搭伊讲："我虽然勿是啥个圣人，但是一生经历格事体比侬要多得多。既然是竹头长、城门小，侬为啥勿拿竹头从当中拗成两段呢？迭能就变成竹竿短，可以毫不费力格进城了吗？"

拿竹头格人听了交关高兴，讲："感好了！"

于是迭位老兄寻来锯（音：嘎）子，拿竹头一锯两，总算进了城门。

可是，迭个卖竹头格人勒拉城里向兜了一天，竹头就是卖勿出去。因为伊没想到，锯（音：嘎）短格竹头虽然是扛进了城，但是因为派勿着用场，呒没人来睬伊，所以几乎成了废品。

迭则寓言既讽刺了卖竹头人格愚蠢可笑，更嘲笑了嗳个自以为见多识广、欢喜乱出点子、好为人师格老老头。正是有了像迭种老老头一些人格瞎指点，拿交关好事体侪办坏脱了。

唐 诗

相　思

（唐）王　维

红豆生南国，	国，入声字。
春来发几枝。	发，入声字。
愿君多采撷，	撷，入声字。
此物最相思。	物，入声字。相，尖音字。

第二十六课　小区新貌

上海闲话

平　改　坡

儿　子：阿爸，迭两天进进出出格卡车哪能介许多啊？

爸　爸：侬勿晓得，阿拉小区勒拉改造。

儿　子：真格啊？格末要弄成啥样子呢？

爸　爸：喏，阿拉迭搭侪是六层楼格房子，高头统统是平顶。一到大伏天啊，太阳旸格辰光，晒得顶楼辣豁豁，一到大冷天，又变得冷飕飕，大人摒摒也过去了，老人搭仔小囝吃勿消。所以格趟区里统一帮阿拉平改坡，格两日勒拉搭枪篱笆。

儿　子：迭忝好了，阿拉屋里就是六楼，天冷格辰光真是难过得勿得了。

爸　爸：是呀，弄得来人侪佝头缩颈，阿拉只好开开空调或者冲只汤婆子。

儿　子：平改坡之后，阿拉日脚就好过了。

爸　爸：迭趟勿光光是迭格项目，还要勒拉原先格花坛隔壁造只喷水池咪。

儿　子：哦，有了喷水池小区就漂亮多了。

爸　爸：外加迭只喷水池是放音乐格。

儿　子：倒蛮靳格。

爸　爸：吃价哦？下趟啊，吃好夜饭到音乐喷泉伊面兜兜圈子，勿要忒乐惠哦。

儿　子：是格是格。

爸　爸：不过有一点侬要注意哦，每趟侪要弄清爽啥格辰光喷水，如果马而哈之格说话，拨水淋着，要变落汤鸡了，格是勿合（音：葛）算咪。

生词短语

改造　　平顶　　平改坡　　枪篱笆　　喷水池

课文注解

1. 高头：最高处。有时也指上级。
2. 旸：（太阳光照）厉害。有时也指人气、运气旺盛。
3. 辣豁豁：形容阳光毒辣。
4. 冷飕飕：寒冷，冷意。
5. 搿搿：忍耐一下。
6. 小囡：小孩子。
7. 平改坡：是指将多层住宅平屋面改建成坡屋顶。
8. 枪篱笆：篱笆，这里指脚手架。
9. 佝头缩颈：缩头缩脑。

10. 汤婆子：灌满热水供人取暖的金属器皿。
11. 勿光光：不单单，不仅。
12. 吃价：厉害，贵重。
13. 兜兜圈子：溜达，散步。
14. 马而哈之：粗心。

语法要点

一、形容"冷、热"格词语

冷飕飕　　佝头缩颈　　冷丝丝　　冰冰冷　　冷得索索抖　　刮刮抖

寒丝丝　　昏头六冲　　汗滋滋　　辣豁豁　　热烘烘　　暖洋洋

二、哪能"过冬"

老底子呒没空调，上海人哪能过冬呢？

1. 穿绒线衫、绒线裤、棉毛衫、棉毛裤、棉袄、滑雪衫。

2. 用"汤婆子"或者"盐水瓶"（医用点滴瓶里灌热水）放勒被头里，"汤婆子"外头还会套只布袋袋，迭能就勿会拨烫伤了。

3. 晒被头、晒太阳，上海冬天格天气又冷又湿，被头总是"潮嗒嗒"格感觉，拨太阳晒过格被头喷喷香，夜里盖勒身浪就斜气暖热了。只要一出太阳，老人们就会拿好矮凳到太阳底下去孵（音：步）太阳。

巩固练习

是非题（正确格请打"√"，错误格请打"×"）

（　　）1. 石库门里向，烧饭格地方叫老虎灶。

（　　）2. 冷天格辰光大家侪欢喜坐了太阳下头，迭个叫孵太阳。

（　　）3. 学生们上课格地方叫学堂。

（　　）4. 答应人家去格，又吭没到场，是勿是叫放白鸽？

（　　）5. 上海人早饭吃格"四大金刚"，是勿是大饼、油条、肉馒头、面包？

（　　）6. 马路边吃夜宵格地方叫大排档。

演播室

请同学们用上海闲话演绎下面迭段对白

科 技 防 盗

小　美：小明，听小区里王阿姨讲，阿拉小区里马上要装电子监（音：该）视器啦。

小　明：装迭个物事派啥用场？

小　美：主要是防贼骨头盗窃格。阿拉小区要群防群控，治安勿留死角。

小　明：哦，迭个监视器装得好，今后贼骨头再也勿敢到阿拉小区里来偷物事了。

童　谣

落　雨　喽

落雨喽，　　　　　落，入声字。

打烊喽，

小八腊子开会喽！　　小，尖音字。八、腊，入声字。

第二十七课　邻里守望

上海闲话

关 爱 老 人

小　美：听讲昨日阿拉小区里出了桩好人好事啊。

小　明：迭桩事体侬问我算问对人了。

小　美：到底是哪能一桩事体啊?

小　明：昨天下半日，七号里格刘阿姨勒拉花园里孵太阳，碰着一个老阿奶。

小　美：后首来呢?

小　明：伊看到迭个老阿奶面熟陌生，一家头坐勒电线木头旁边，嘴巴里淅沥索落，勿晓得勒拉讲啥。

小　美：迭倒蛮怪格么。

小　明：就是讲呀。刘阿姨觉着内中肯定有窍槛，就去问伊是住勒拉几号里格。

小　美：伊哪能讲啊?

小　明：老阿奶讲，伊出来买小菜，小菜场回来就寻勿到屋里了。随便哪能也记勿清爽住勒拉啥地方。

小　美：老阿奶年纪大了。

小　明：对格，迭多少伤脑筋啊。齐巧我从学堂回来，碰着伊拉了。

小　美：格末侬认得迭老阿奶哦?

小　明：又勿是我格阿奶，我哪能认得呢。

小　美：老阿奶肯定急煞了。

小　明：还是刘阿姨头子活络，问老阿奶，屋里向格人有勿有关照伊要随身带啥物事?

小　美：对，伊有哦?

小　明：老阿奶隔手从斜插袋里摸出一张硬箔纸。

小　美：阿是名片啊？

小　明：侬勒拉乱话三千唻。又勿是做生意！老阿奶带啥名片啦？是一张写了伊屋里地址格卡片。

小　美：哦，有了迭张卡片，就好寻唻。

小　明：是呀，原来伊住勒拉地段医院隔壁一只小区，还好勿远，刘阿姨就亲自陪牢老阿奶，拿伊送到屋里。

小　美：刘阿姨真是格热心人啊。

小　明：就是讲呀。像迭种好人好事阿拉小区里还有勿勿少少。

生词短语

好人好事　　花园　　面熟陌生　　电线木头　　淅沥索落　　齐巧

硬箔纸　　乱话三千　　热心人

课文注解

1. 下半日：下午。

2. 孵太阳：晒太阳。

3. 面熟陌生：似曾相识，但不认识。

4. 淅沥索落：持续不断的轻声。

5. 窍槛：蹊跷。

6. 齐巧：碰巧，正好。

7. 急煞：急死了。

8. 头子：脑袋瓜子。

9. 隔手：马上。

10. 斜插袋：上衣口袋。

11. 硬箔纸：卡纸。

12. 乱话三千：原为宁波话，意为胡说八道。

13. 勿勿少少：不少，很多。

语法要点

一、"ABCD"型拟声词

淅沥索落　　叽里咕噜　　噼沥啪啦　　哇哩哇啦

叮铃当啷　　唏哩哗啦　　顷零空隆　　别立博落

极列阁落　　顷零匡冷　　叽里呱啦

二、描写"急"格词语

急煞——急死了，急得不得了

急绷绷——就是急得齐巧够得上格程度。绷，音：浜

发极——猴急。极，音：杰

极吼吼——心情急切格样子

急得双脚跳——急得坐立不安。急，音：吉

急得像热锅浪格蚂蚁——急得不停打转，心神不宁

巩固练习

侬晓得迭些地方格上海闲话叫法哦？请侬连一连

烟纸店	美发屋
剃头店	社区医院
混堂	杂货店
小菜场	社区活动中心
地段医院	大浴场
文化站	农贸市场

中国寓言

八 哥 学 舌

八哥鸟是一种老灵巧格鸟，伊模仿能力特别强。交关人捉到迭种鸟以

后，会教伊讲闲话。

有迭能一只八哥，经过主人格训练以后，学会了模仿人讲闲话。虽然伊只能讲几句，外加每天翻来覆去重复一样格闲话，可是伊还是骄傲得勿得了，自以为了勿起，对啥人侪看勿起。

有一日，八哥听见野胡子勒拉树浪叫，叫起来只有一个调门，伊就嘲笑野胡子讲："侬只会发出单调格噪音，烦煞脱了！阿好搭我停一停哦？我会得讲人闲话，也没像侬迭种样子摆魁劲唻！"

野胡子听仔迭个闲话只是微微一笑，讲："虽然侬会模仿人讲闲话，可是侬每日天讲格侪是别人格闲话，一点意思也呒没。我虽然勿会模仿人讲闲话，也呒没一副好嗓子，可是我表达格是我自家格思想。"

八哥听仔野胡子迭能一讲，面孔涨得煊煊红，讲勿出闲话了，拿骷浪头深深格埋进了翅膀里。从此以后，迭只八哥再也勿跟主人学舌了。

一个人假使像八哥一样，光有高超格学闲话本事，勿能或勿敢表达自家格思想，人云亦云，是十分可悲格。

唐　诗

出　塞
（唐）王昌龄

秦时明月汉时关，	秦，尖音字。月，入声字。
万里长征人未还。	
但使龙城飞将在，	将，尖音字。
不教胡马度阴山。	不，入声字。

115

第二十八课 全民健身

上海闲话

锻炼身体

儿　子：咦，侬搭为啥有交关运动衣啊？

爸　爸：现在市里向号召全民健身，阿拉小区明朝准备搞一场运动会。

儿　子：噢？勒啥地方搞啊？

爸　爸：就是打弯过去格街心花园啊。

儿　子：近倒蛮近格。

爸　爸：选趟比赛项目啊木咾咾，勿管是年纪老格，还是年纪轻格，侪有对路格项目。

儿　子：阿拉小人有啥项目？

爸　爸：喏，像侬小囝末参加格有踢毽子、跳长绳。

儿　子：大人呢？

爸　爸：大人更加多睐，有羽毛球比赛、落弹比赛、乒乓球比赛，交交关关。

儿　子：到辰光肯定老闹猛格。

爸　爸：其实运动会只不过是一种形式，锻炼关键是勒拉平常。

儿　子：对，平常锻炼老重要。

爸　爸：侬看，阿拉文化中心里专门有健身房，小区里也有老多格健身器，大家平常只要空下来，侪好去活络活络身体。

儿　子：老年人多动来事哦？

爸　爸：生命在于运动——老年人应该多活动活动。花园里向勿是有铺好格健康路嘛，踏踏鹅卵石，对促进血液循环老有好处格。

儿　子：选倒是格。

爸　爸：像侬现在长得介壮，的的刮刮属于缺少运动，再选样子下去啊，就

　　要变成熊猫唻，到辰光小朋友侪要讲侬大块头吭轻头了。

儿　子：哼，我决定了，从今朝开始也要去跑步了。

爸　爸：乃末就对唻。

生词短语

运动衣　　全民健身　　运动会　　比赛项目　　踢毽子　　跳长绳

羽毛球　　落弹　　乒乓球　　健身房　　跑步

课文注解

1. 木唠唠：形容数量多。
2. 对路：合适。
3. 空下来：有时间。
4. 活络活络：活动活动。
5. 来事：可以。
6. 踏踏：踩踩。
7. 的的刮刮：绝对。

语法要点

一、口头语

　　有格上海人讲闲话格辰光会带口头语，比方："是哦、对哦、阿是……"
上海闲话当中常庄听到格口头语有：

1. "迭个……""听讲……""据说……"（开头处）
2. "就是讲……"（解释）
3. "乃末……"（连接）
4. "……伊讲"（结尾处）

二、上海俗语

大块头吰轻头——调侃胖格人做事体勿落实

矮子里向拔长子——比喻勒拉差格里向挑相对好一点格

额角头碰到天花板——比喻运气斜气好

好记性勿如烂笔头——是指记性再好，辰光长了也要忘记，勿如用笔记
录下来

巩固练习

根据提供格词语，用上海闲话造句

的的刮刮　　木咾咾　　闹猛

演播室

请同学们用上海闲话演绎下面选段对白

互 助 友 爱

小　美：（哭）呜呜呜，钱家爷叔，倷伲子弄怂我。

爸　爸：侬做啥惹伊？

儿　子：伊抢我格绳子。

小　美：是伊先抢我格毽子格。

爸　爸：好，覅吵，两家头侪勿对，同学道里要互相爱护，互相帮忙，运动器
　　　　材大家用。来，听我闲话，两家头互相赔礼道歉。

儿　子：对勿起，毽子侬拿去踢好了。

小　美：吰啥关系，我也勿对，绳子侬也拿去跳好了。

爸　爸：乃末对了。

注解：

1. 弄怂：欺负。

2. 道里：之间。

童谣

墙上有只钉

墙浪一只钉，　　　只，入声字。

钉浪挂条绳，

绳下吊个瓶，

瓶下放盏灯，

灯下有只盆。

拔脱墙浪钉，　　　拔、脱，入声字。

落下钉上绳，　　　落，入声字。

滑落绳下瓶，　　　滑，入声字。

打碎瓶下灯，

敲破灯下盆。

叮叮当当当当叮，

乒乒乓乓乓乒乒。

第八单元 交 通 篇

单元导引

交通是随着人类生产和生活的需要而发展起来的。古时候，人们为了生存，尽量沿河生活，水上交通就成为最早产生的运输方式。独木舟也较早在中国出现。在陆地交通方面，马、牛是最早的陆运工具，后来人们又把马、牛拉的车作为交通工具，促进了道路修筑，直到出现丝绸之路。

上海的交通与黄浦江关系密切。黄浦江是上海的母亲河，最早浦东的人们要到浦西来，交通工具用小船（小舢板）来摆渡，上海话中的"摇舢板"就是这个意思。后来还有"铛铛车"，那是指运行时鸣号发出"当当"响声的有轨电车。还有"黄包车"，是指用人力拉动的载人车。再如"黄鱼车"，是特指人力脚踏运货的三轮车。

交通必须要讲方向，上海方言对方向、方位的讲法也有独特的词语，比如"大转弯"是指向左转，"小转弯"是指向右转；"笃底"是指路的尽头。由于以前的房子较多是石库门，前排房子和后排房子之间的路比较狭窄，所以大家通常叫这种路为"弄堂"，弄堂里最后一户人家，被叫做"弄堂笃底一家"。

学习有关交通的上海话，还是先要弄懂、记熟有关的常用词汇。在上学、放学的路上练习，在路上看见大大小小的车子，你可用上海话一一指出：公交车——公共汽车，差头——出租车，小轿车——私家车。又如，过马路看见交通信号灯，你就顺口说一下"红绿灯""行人要走上街沿（人行道）"……学会用上海话进行"交通"的思维。

第二十九课　问　　路

上海闲话

助 人 为 乐

儿　子：阿爸，侬到啥地方去了，哪能迭个辰光才转来啦？

爸　爸：刚刚勒威海路，有个外地人问我上海博物馆哪能走，我搭伊讲了一讲，转来就晏了。

儿　子：阿爸侬是帮人家指路咾！

爸　爸：是呀，我搭伊讲："朝前头走有只站头，好乘车子。"

儿　子：侬搭伊讲乘几路了哦？

爸　爸：我搭伊讲了："乘49路公交车到人民广场站头下来，朝后退一眼眼就到了。"

儿　子：电车也好乘格呀。

爸　爸：我也讲了："要是侬乘23路电车，乘到威海路黄陂南路下来，朝前头走5分钟也好到格。"

儿　子：乘车子蛮便当格。

爸　爸：伊问我，走过去路远哦？

儿　子：路远哦？

爸　爸：我搭伊讲，毛估估末要走廿分钟。

儿　子：格是路也蛮远格。

爸　爸：伊讲我还是荡过去哦，顺便看看两面格商店。

儿　子：哦，伊要荡马路。

爸　爸：我搭伊讲，过马路红绿灯要看清爽。

儿　子：阿爸侬老道地格。

爸　爸：啥人叫阿拉是上海人呢！

生词短语

上海博物馆　　指路　　站头　　人民广场　　电车　　荡马路　　红绿灯

课文注解

1. 转来：回来。
2. 站头：车站。
3. 毛估估：估计，大约，大概。
4. 道地：地道，周到。

语法要点

一、交通工具

独轮车——用很大的单个轮子推的车子

黄包车——一种车背都被涂成黄色的人力车

小轿车——一般是指五座以下的机动车

吉普卡——吉普车

差头——出租车

铛铛车——有轨电车

黄鱼车——人力三轮车

二、上海地名格歇后语

牙齿里出血——红（虹）口

黄浦江里插稻秧——青浦

一刀劈脱夜明珠——切（七）宝

丝网捉鱼——加锭（嘉定）

甜塌饼破肚——漏糖（娄塘）

两亲家公碰头——男（南）汇

巩固练习

请侬选出发音勿同格一个选项

( ) 1. 选出下列词语中"乘"字发音不同格词。
    A. 乘机　　　B. 乘车子　　　C. 乘法　　　D. 乘客

( ) 2. 选出下列词语中"围"字发音不同格词。
    A. 围巾　　　B. 包围　　　C. 围棋　　　D. 周围

( ) 3. 选出下列词语中"交"字发音不同格词。
    A. 交通　　　B. 交作业　　　C. 交际　　　D. 交响乐

( ) 4. 选出下列词语中"拖"字发音不同格词。
    A. 拖拉机　　B. 拖鼻涕　　　C. 拖地板　　D. 拖泥带水

( ) 5. 选出下列词语中"争"字发音不同格词。
    A. 争吵　　　B. 斗争　　　C. 竞争　　　D. 争论

外国寓言

大力神和车夫

　　一名车夫赶仔马车驮着货色沿牢乡间小路勒赶路。路途中车轮陷入了斜气深格车辙里,再也呒没办法前进了。迭个辰光,愚蠢格车夫吓得不知所措,一筹莫展,伊呆(音:岩)瞪瞪格立勒伊面看牢仔货色车,勿断格高声喊叫,求大力神来帮伊一把。

　　大力神来到后,对伊讲:"朋友,用侬格肩胛扛起车轮,再用鞭子抽打拉车子格马!侬自家勿自力更生想办法解决,只靠祈求我,哪能来三呢?"

　　其实,自力更生、自助自立是克服困难格最好办法。

唐 诗

九月九日忆山东兄弟

（唐）王 维

独在异乡为异客，　　　独、客，入声字。
每逢佳节倍思亲。　　　节，尖音字、入声字。亲，尖音字。
遥知兄弟登高处，
遍插茱萸少一人。　　　一，入声字。

第三十课 绿色出行

上海闲话

环 保 意 识

爸　爸：倷子啊，今朝阿爸有空，倷想去啥地方白相，阿爸陪倷去。

儿　子：阿爸，我要去城隍庙，白相九曲桥，吃小笼馒头。

爸　爸：还有哦，还想吃点啥？

儿　子：我还想吃锅贴、生煎馒头、臭豆腐干、羊肉串……

爸　爸：倷只馋痨胚！阿爸搭倷讲，城隍庙格小吃还有交关，像宁波汤团、奶油五香豆、梨膏糖，侪是老有名气格。

儿　子：阿爸，我侪想吃一眼。

爸　爸：好格，阿爸今朝带倷吃遍城隍庙。

儿　子：阿拉哪能过去啊？

爸　爸：要讲环保，今朝勿开车子，踏脚踏车去哪能？

儿　子：好格，阿拉"绿色出行"。

生词短语

城隍庙　　　九曲桥　　　环保　　　脚踏车　　　绿色出行

课文注解

1. 小笼馒头：小笼包。
2. 馋痨胚：嘴馋的人，馋鬼。

语法要点

一、上海闲话格歇后语

九曲桥浪散步——走弯路

船头浪跑马——走投无路

大闸蟹走淮海路——横行霸道

飞机浪挂大闸蟹——悬空八只脚

隔仔黄浦江揢手——搭勿够

二、"11 路电车"

侬晓得"11 路电车"是啥意思哦？

侬格两条腿是勿是像 11 呢？上海有 11 路电车，是沿牢人民路（老城厢）圆兜圆转，但上海人拿逛街讲成兜马路、荡马路，所以形象格讲"11 路电车"就是步行格意思。

巩固练习

请同学们相互交流一下，侬是哪能上学格

小明，侬早浪哪能来学堂格？

我屋里离学堂蛮近，我每天侪是"11路电车"去读书格。

演播室

请同学们扮演角色，用上海闲话演绎下面迭段对话

坐 三 轮 车

儿　子：阿爸，还有多少路啦，我吃力煞唻。

爸　爸：倷舅公住格地方蛮难寻格，一时头浪也寻勿着。

儿　子：我实在走勿动了。

爸　爸：脚劲介蹩脚，走迭眼眼路就脚花软了！阿爸搭侬一道跑，还拎仔大包小包唻！

儿　子：乘差头好哦？

爸　爸：侬看，迭格地方，啥地方来差头啊？

儿　子：前头有部三轮车，阿拉去坐哦？

爸　爸：坐三轮车看样子至少要十只洋。

儿　子：格是比乘差头还要便宜呀。

爸　爸：好哦，就乘三轮车过去哦。

童谣

山浪有只老虎

山浪有只老虎,　　　　　只,入声字。

老虎要吃人,

拿伊关勒笼子里。　　　　勒,入声字。

笼子坏脱,　　　　　　　脱,入声字。

老虎逃脱,

逃到南京,

逃到北京,

买包糖精,　　　　　　　精,尖音字。

摆勒水里浸一浸,　　　　浸,尖音字。

"密西密西"拉胡琴。　　　西,尖音字。

注解:

1. 山浪:山上。

2. "密西密西":指吃东西。

第三十一课 交 通 安 全

上海闲话

小手搀大手

儿　子：要过马路了，阿爸我搀牢侬。

爸　爸：我介大格人了，勿侬搀，现在马路浪呒啥车子，侬子，好过马路了。

儿　子：勿乱穿马路，现在是红灯……

爸　爸：……现在马路浪呒啥车子，空档呀！

儿　子：阿爸，勿管有勿有车子，侪要看红绿灯啊，勿斜穿马路，要走斑马线。

爸　爸：难板偷私乖，勿紧格。

儿　子：学堂里老师讲格，要遵守交通法规，侬还是大人唻，哪能迭能介格啦？

爸　爸：好好好好好！听侬格听侬格。

儿　子：阿爸，来！我搀牢侬，迭个就叫"小手搀大手"。

生词短语

过马路　　斜穿马路　　斑马线　　交通法规

课文注解

1. 空档：轮空的机会。

2. 难板：偶尔。

3. 偷私乖：偷懒巧取。

语法要点

一、形容"精明、机灵"

偷私乖——偷懒取巧

门槛精——比喻办事精明周到，精打细算，总不会吃亏的人

戆进勿戆出——精明，只进不出

聪明绝顶——极其聪明

二、带"板"格词语

难板——偶尔

推板——差

推板勿起——马虎不得，不能有差错

板板六十四——古板

板定——一定

一板一眼——有规律；古板

巩固练习

看词造句，根据提供格词语，用上海闲话编一个故事

1. 笔直走、小转弯、放学、屋里

2. 脚踏车、城隍庙、白相

3. 转弯角子、烟纸店、夹心饼干

中国寓言

金 钩 桂 饵

勒拉春秋时代格鲁国，有个人斜气欢喜钓鱼，伊勒拉自家格钓鱼竿搭

仔鱼饵用料浪下了交关功夫：伊用名贵格香料肉桂做诱饵，用黄金来打造鱼钩，还勒拉鱼钩浪镶嵌了白银丝线搭青绿色格美玉，甚至拿珍贵格翡翠鸟格羽毛，也挂勒拉钓鱼线浪作装饰。

每当钓鱼格辰光，伊侪选择一个老好格位置，用极其标准规范格姿势拿钓竿，正襟危坐。可是尽管迭能，伊钓到格鱼却老少老少，有常时甚至会空手而回。

看来，做事体假使拿注意力只花费勒拉外在格形式浪，过分格追求表面而忽视其实际效果，是蛮难有所成就格。

唐 诗

江 南 春

（唐）杜 牧

千里莺啼绿映红，　　　千，尖音字。绿，入声字。
水村山郭酒旗风。　　　郭，入声字。酒，尖音字。
南朝四百八十寺，　　　百、八、十，入声字。
多少楼台烟雨中。

第三十二课　旅 游 路 线

上海闲话

出　游

爸　爸：侬子，快点起来了，太阳晒到屁股浪了。

儿　子：阿爸，大清老早格，让我再睏脱一歇。

爸　爸：前两天侪是阴丝刮得格天气，难得今朝太阳介旸。走，阿爸搭侬一道出去兜兜白相相。

儿　子：又是外滩、南京路、城隍庙，上海格"老三篇"，去了覅去了。

爸　爸：今朝我陪侬去浦东看看现在格陆家嘴，世界一流格。老底子"宁要浦西一张床，勿要浦东一间房。"现在勿对了，大家侪抢勒要去。

儿　子：是勿是要摆渡再好到浦东？

爸　爸：现在交通方便了，大桥、隧道、地铁，一枪头就好到了。侬子，我考考侬：浦东格标志性建筑侬侪认得哦？

侬　子：迭个难勿倒我格。顶顶出名格就是 1995 年造格东方明珠广播电视塔，大大小小有 11 只球组成，赛过像一串锃锃（音：常）亮格珍珠。

爸　爸：最高一只球叫啥？

儿　子：叫太空舱。

爸　爸：唷，勿错。格末最大格只球有多少高？

儿　子：有 263 米高。

爸　爸：对格，迭只球是主要观光厅，可以 360 度看浦江两岸搭仔陆家嘴格美景。勒拉里向兜一圈好看到世纪大道、中国馆、卢浦大桥、南浦大桥、十六铺、外滩，连得虹口足球场也看得煞勒清。

儿　子：真啊？快，阿爸，阿拉现在就去看。

爸　爸：哎哎，等一歇呀，侬迭个小鬼呀，刚刚末腻子疙瘩，现在末又极吼吼。总归让我揩把面哦。

儿　子：阿爸，侬真是木太太。

生词短语

陆家嘴　　摆渡　　隧道　　地铁　　标志性建筑　　东方明珠广播电视塔
世纪大道　　中国馆　　十六铺　　虹口足球场

课文注解

1. 大清老早：形容很早。
2. 睏脱一歇：睡一会。
3. 阴丝刮得：阴沉。
4. 去了勒去了：意思是去了很多次，不想再去了。
5. 一枪头：一下子。
6. 锃锃亮：格外明亮。
7. 煞勒清：极其清楚。
8. 腻子疙瘩：犹豫，扭捏，不爽快。
9. 极吼吼：不顾仪表，猴急的样子。
10. 木太太：比喻磨蹭的人。

语法要点

一、表示"辰光"格形容词

主要有：老底子、老早子、老里八早、前一枪、迭枪、最近、现在、将来、后首来、迭歇、等歇、以后等。

二、"一×头"

迭种结构表示动作迅速完成。譬如：一枪头、一佘头、一记头、一趟头、一口头、一拎头、一掼头、一窜头、一哄头……

巩固练习

请侬介绍一条上海格旅游线路，讲讲乘啥格交通工具，有眼啥好看格景点，啥好吃格美食等

_____

_____

_____

演播室

请同学们用上海闲话演绎下面选段对白

父 子 跑 步

儿　子：阿爸，侬快眼奔，迭能才会有锻炼格效果。

爸　爸：好格，来了。

儿　子：阿爸，阿拉比赛好哦?

爸　爸：好格，阿拉就奔到前头转弯角子，看啥人奔得快。

儿　子：好格，现在开始。

爸　爸：小鬼头赖极皮，说来就来，闲话还没讲光就冲出去了。

（父子奔跑）

儿　子：哈哈，阿爸输脱了!

爸　爸：哎唷，让我先吭一歇……小鬼头辣手，说来就来，赖极皮。

儿　子：阿爸，我拨侬机会扳平，等歇阿拉爬扶梯，看啥人爬得快。

爸　爸：一句闲话，闲话一句。

儿　子：现在就上。

爸　爸：啊? 我还没吭好，又要上啦?

童谣

哥哥走　我也走

哥哥走，我也走，
我搭哥哥手拉手，
手拉手，慢慢走，
一走走到马路口，　　一，入声字。
看见红灯停一停，
看见绿灯开步走。　　绿，入声字。

说　明

　　"上海话"不仅仅是语言交流的工具,更是上海城市百态的丰富载体,是这座城市发展的特色瑰宝。本教材以上海市中小学"两纲"教育指导纲要为依据,结合青少年语言发展的现实需求,旨在让广大青少年通过上海话领略江南水土所孕育起来的上海市俗民风,感知开埠以来上海在中外交融中形成的襟怀和睿智,从而进一步了解上海,了解上海文化,了解上海生活,感受上海这座城市的独特魅力。本教材供中小学开设乡土教育课程实验用。

主　　编:钱　程

执行主编:孙广波

编写组成员:钱　程　孙广波　史　昱　徐维新　张　馨

配音组成员:钱　程　孙勤圆　钱又亮　诸宏宇　倪　骅　马艺杰

监　　制:贾立群

副 监 制:史　昱　宁彦锋

策　　划:徐维新　季陆生

　　教材编写过程中得到了上海市曲艺家协会和杨浦区课程资源建设中心的大力支持与悉心指导,在此表示衷心感谢。我们还要对出版社责任编辑、版式设计和制作人员一并表示深深的谢意。欢迎广大读者指出教材的差错和不足,提出宝贵的意见。

图书在版编目(CIP)数据

学说上海闲话 / 钱程主编. —上海；上海教育出版社,2015.1
ISBN 978-7-5444-6145-0

Ⅰ.①学… Ⅱ.①钱… Ⅲ.①吴语—方言—中学—教材
Ⅳ.①G634.591

中国版本图书馆CIP数据核字(2015)第009128号

责任编辑 季陆生 王嫣斐
封面设计 王　捷

学说上海闲话
钱　程　主编
孙广波　执行主编
_____

出　　版　上海世纪出版股份有限公司
　　　　　　上 海 教 育 出 版 社
发　　行　中国图书进出口上海公司

版　　次　2015 年 1 月第 1 版

书　　号　ISBN 978-7-5444-6145-0/H·0242